妈妈的觉醒
孩子的成长

陈淑珍◎著

中国妇女出版社

图书在版编目（CIP）数据
妈妈的觉醒　孩子的成长 / 陈淑珍著. --北京：中国妇女出版社，2017.7
ISBN 978-7-5127-1444-1

Ⅰ. ①妈…　Ⅱ. ①陈…　Ⅲ. ①家庭教育　Ⅳ. ①G78

中国版本图书馆CIP数据核字（2017）第104960号

著作权登记号　图字：01-2017-3022

妈妈的觉醒　孩子的成长

作　　者：陈淑珍　著
责任编辑：肖玲玲
封面设计：尚世视觉
责任印制：王卫东
出版发行：中国妇女出版社
地　　址：北京市东城区史家胡同甲24号　　邮政编码：100010
电　　话：（010）65133160（发行部）　　65133161（邮购）
网　　址：www.womenbooks.cn
法律顾问：北京天达共和律师事务所
经　　销：各地新华书店
印　　刷：北京通州皇家印刷厂
开　　本：150×215　1/16
印　　张：15.75
字　　数：150千字
版　　次：2017年7月第1版
印　　次：2017年7月第1次
书　　号：ISBN 978-7-5127-1444-1
定　　价：38.00元

序言 preface

古往今来，教育孩子对于一个家庭而言都是一桩大事。教子成才，是所有父母耗尽毕生心血所追寻的梦想。古人在《三字经》中，对于父母所应承担的教育责任就有了明确的表达：“养不教，父之过。”简单的六个字，表达了家庭教育责任的重大。所以说，仅仅生养孩子而不去精心地教育，作为父母是有过错的。不仅如此，古人对于教师的选择也非常严格，举凡师者，皆是德才兼备之士。师者，能者；师者，德者。

虽然说“养不教，父之过”，但是在家庭教育中母亲常常是主角，所扮演的角色既是慈母又是严师。孩子从呱呱落地到长大成人，一般情况下，他与母亲生活在一起的时间最长，受母亲的直接影响也最大。母亲的一言一行、一个微笑、一声怒骂，甚至一个微不足道的细节都会成为孩子模仿的对象，并在潜移默化中左右着孩子世界观、人生观的形成。因此，母亲在家庭教育中的重要地位是任何人也无法替代的。

对当今工作繁忙的年轻妈妈而言，教育好孩子更不是一件轻松的事情。当白领妈妈遇到了“新新人类”的孩子，那些曾在自己身上屡试不爽的教育方式，在孩子的身上却不断遭遇挫折。面对孩子困惑的眼神，本以为最了解自己孩子的妈妈，如今却无法读懂孩子的内心了。这一事实使妈妈感到无奈、疲惫、失去耐心，甚至心灰意冷。妈妈和孩子，究竟是谁出现了问题?

针对这一普遍社会现象，本书将分别从妈妈和孩子两方面情况入手，首先指出当前家庭教育中那些普遍存在的典型性错误，并进行适当分类，然后具体分析产生错误的不同原因，最后提出合理适宜的解决办法，帮助妈妈掌握适当的教育原则，知道该怎么做才有利于孩子的健康发展。

有句教育名言说得好：妈妈在教育孩子的同时，也在进行自我教育。天下没有教育不好的孩子，只有教育不好孩子的妈妈。所以，当妈妈遇到“不听话”的孩子时，首先应该反思自己的过失，从改变自己做起，那么教育之路上所遇到的障碍，方能真正得到解决。

本书分别从不同角度来详细阐述妈妈如何改变教育方式，如何才能真正做到了解孩子真实所需，做到因材施教。

因为本人才学有限，望各位读者谅解和指导。希望这本书能起到抛砖引玉的作用，给妈妈们一些解决问题的建议，能从中有所感悟!

目录 contents

第1章 心平气和，做个优雅的妈妈

第2章 爱孩子，先要了解孩子

第3章 接纳孩子，给孩子恰当的爱

第4章 妈妈的修行从改变对孩子的态度开始

第5章 学会引导，好妈妈教给孩子好品质

第6章

适时放手，妈妈更省心

第7章

赢得支持，不再把家庭教育当成一个人的事

第1章

心平气和，做个优雅的妈妈

心平气和的妈妈最美丽

如果在对待孩子的时候，妈妈能够心平气和，那么孩子自然就不会那么急躁了。

孩子急躁都是跟父母学的

家长会上，家长们都在交流教育孩子的经验。很多家长都抱怨孩子个性比较急躁，什么事情稍不如意就喜欢大吵大闹。大家都觉得这是因为现在的孩子养得太过娇惯了，得严格管教才行。有一个孩子的爸爸发表了不太一样的意见。

这位爸爸说，在他家以前是孩子的妈妈主管教育孩子，孩子的妈妈是个急性子，与孩子一言不合，嗓门就越扯越高。此外，对孩子做的事情，也一直习惯性地采取质疑的态度：

孩子练琴，练完之后第一句话就是："你到底练完了没有，没骗妈妈吧？”

作业写完了也质疑：“你到底做完没有呀？没偷懒漏题吧？”

渐渐地，面对妈妈的质疑，孩子的情绪也变得烦躁起来，心里更是不服气……后来爸爸觉得这样管孩子不行，就接过了主管孩子的重任，他提醒自己，不管孩子学习情况怎么样，做了什么错事，都要耐心、耐心、再耐心。

孩子特别适应他的教育方法，学习态度、成绩都变好了，原来脾气暴躁、粗心大意的毛病也大为改观。后来他总结了一句：“孩子的急躁很大一部分是受父母教育的影响。父母在跟孩子说话的时候心平气和了，久而久之，孩子也会变得温和起来。总是对孩子大吼大叫，孩子也会变得暴躁。”

听完他的发言，很多家长纷纷自我检讨。我也加入检讨的行列。

比如，早上，我让果果在衬衫外面穿个毛背心，他不穿，我就恼了，劈头训一顿：“哎，你这孩子怎么不听话呢？你穿这么少，想生病吗？生病了打针吃药你就高兴啦！不行，赶紧去把背心穿上！”他这才不情愿地去穿背心。

这时候我看上班快要迟到了，就催他：“果果，快点快点！快要迟到了！”看他磨磨蹭蹭，我赶快跑过去，不由分说地给他套上背心，拉着他就往外走。

他显然不高兴，撅着嘴抱怨：“妈妈，背心穿着好热呀！”

我哪有时间跟他慢慢解释，就说：“到外面就冷了，今天会降温，难道妈妈还会骗你吗？”匆匆地把他送到校门口我就赶着上班去了。

一旦果果做错了事，那我就更容易急躁了。一次，我们在外面吃饭，果果把果汁打翻了，洒了我一身，那可是我新买的裙子，我当即就火了，对他大发脾气：“妈妈跟你说了多少次了，不要乱动，你怎么就不听话！看妈妈的衣服都成什么样了！”果果委屈地看着我不知所措。

可能正因为我的急躁，果果也有这样的倾向。他在客厅堆积木，我打扫卫生时，不小心把他堆好的城堡碰倒了，他立刻大发脾气：“妈妈，你怎么不小心点！把我堆的城堡都给弄坏了！”说着还气呼呼地把所有堆好的积木推倒，坐在积木堆里对我怒目而视。

我也生气了，说：“妈妈又不是故意的，你再堆不就行了吗？”类似这样的事情还有很多。

检讨之后我发现，果果的表现和我的表现真有相似之处。

不要着急，慢慢来

在网络上看到一个案例：有一位妈妈经常为孩子的慌张、马虎而烦恼。可是在和老师沟通的过程中，她发现，在老师眼里自己的孩子很稳重。这位妈妈觉得难以置信，回家后问孩子。孩子告诉她，在学校老师从来不催她，总是告诉她不要急，慢慢来，所以她做什么事情都不急了。

看来，如果妈妈心平气和，孩子也会不紧不慢，稳稳当当。所以，要想孩子不急躁，我们先要收敛自己的急脾气，做个心平气和的妈妈。

虽然绝大多数人都能理解父母的急性子——他们无非是想让孩子养成良好的习惯，取得更好的成绩，但在教育孩子的时候还是不要太着急，因为父母焦躁孩子也会焦躁。

学会低头，事后意识到自己的错误后，大可以放下家长的面子去向孩子道个歉，去跟孩子好好谈一谈，让他知道自己的想法。

如果孩子不小心碰翻了饮料，弄脏了我们的衣服，心平气和的妈妈肯定不会大发脾气，而是会若无其事地对孩子说："没关系，正好妈妈的衣服该洗了。"孩子看着妈妈的这种反应，他就会知道将来遇到类似的情况应该如何去应对。

当妈妈不小心碰翻他的积木，他也许会对妈妈说："不要紧，刚才那个堆得不好，我再堆个更好的！"如果是这样，该是多么和谐的母子关系啊！

所以，孩子做事的时候，尽量不要在一旁催促"快点，快点"；在孩子做错事的时候，也不要急着发脾气。孩子有一个心平气和的妈妈，自然能受到感染，会跟妈妈学习控制和调节自身情感和行为的方法，遇到问题和挫折就能不急不躁了。

不要代劳，只要陪着就好

孩子有自己的人生，从一开始，就应该让他自己去体验。作为父母，我们能做的就是陪伴和指引。

一封写给妈妈的信

亲爱的妈妈：

我有一些话想要对您说，希望您看完这封信不要伤心。

我知道您非常爱我。十几年来一直无微不至地照顾我，把所有心思都花在我身上，把所有希望都寄托在我身上。这些我都很清楚，所以我一直都很听您的话。在学习上，我严格要求自己，是老师眼里的好学生，同学们的好榜样；在生活中，我也没有让您失望，是大家公认的乖乖女。可是，妈妈，今天我想跟您说，请您不要再帮我做那么多事情好吗？请您多给我一些成长的机会好吗？

记得有一年教师节，同学们都商量好了每个人亲手做几张贺卡送给各位老师。我在心里都想好做什么样的了，回到家准备材料的时候被您看到了，您先是不让我自己做，说太耽误时间，要去商店买；我说同学们都已经决定好自己做您才答应我，还对我能不能做出像样的贺卡表示怀疑。

我动手做的时候，您就在一旁指指点点，说我这个做得不好，那个应该那样弄。我当时真的很难过，因为在您的“帮助”下，我原来的计划全乱了。后来，您又担心我弄得太晚，干脆直接帮我动起手来。妈妈，您知道吗？虽然经过您的参与，贺卡可能比我一个人做的要好看，但是我一点儿成就感也没有，因为那不是我自己的作品。

像这样的事情还有很多，比如我想学做饭，您也答应了，可是我做的时候，您又帮我做了大部分的工作，我只能洗洗菜，点点火；比如我想整理自己的房间，您却嫌我收拾不干净不让我动手；我想学洗衣服，您说我洗不干净也不让我洗。很多事情，我的同学们都会做，我却不会。我觉得和他们相比，自己真的很无能，除了会考试，其他的什么都不会。

妈妈，我担心以后上大学要是离开您了我怎么生活，您却说不要上太远的学校，到时候还可以住在家里。可是您想过没有，难道您可以陪我一辈子吗？我总有自己生活的那一天，到时候我怎么办呢？

妈妈，我已经长大，有自己的见解和主张。您的参与有时候会打断我的思路，左右我的想象，打击我的信心，不利于积极性的激发与创造。该放手时就放手，不要为了追求完美而过多地指导我，或者干脆把自己的思想强加于我，如果那样，我就会失去一次体验成就感的机会，失去真正长大的机会。

您的女儿

这是一个无奈的女儿写给妈妈的信，也是很多孩子的共同心声。我看过之后很感慨。

作为一个妈妈，我很理解这位妈妈的心情。因为我有时候也会和她犯同样的错误——为孩子做得太多。同时我也很能体会这个女儿的期盼，因为我也曾经是这样一个女儿。

我的妈妈是一个很能干的人。人家说能干的妈妈教出懒惰的女儿，这话确实有一定的道理。因为在能干的妈妈眼里，女儿什么都做不好，看不下去了索性自己替她做了，这样省事又省心，时间长了，就把女儿培养成懒孩子了。

从小到大，我做的事情妈妈很少有很满意的，尤其是家务。往往我正做着，妈妈就在旁边指点，越指点她就越着急，最后不得不亲自出手帮我完成。妈妈这样做，有时候会使得我很惭愧，觉得自己怎么这么没用呢？这点儿小事都做不好。有时候又会让我很抵触，觉得妈妈一点儿都不信任我，觉得妈妈太专制，什么都要按照她的意思去做。

而真正的矛盾爆发是在我有了果果之后。我生完果果，妈妈过来照顾我和果果。对于我自己的孩子，我真希望按照自己的想法来养育他，但是妈妈总是要我按照她的意思去办。比如，果果的尿布，我买的是新棉布，但是妈妈坚持用旧床单、旧衣服做成的尿布。这样的事情一多，我真的非常郁闷，因为我知道妈妈是好心的，照顾我们她也非常辛苦，但是我又不能接受她所有的观点和做法。那段时间，我曾一度以为自己得了产后抑郁症。

己所不欲，勿施于人

很多妈妈应该都看过孩子小的时候画画，他们随心所欲信笔涂鸦，可能原来想画只小花猫，结果却画出来一个大气球。这是因为他的思维发展还没有达到先计划好然后按照计划行事的水平，他是边画边想的。如果妈妈随他自己去画，他会很高兴，不管原来想画的和画出来的是否一致，他都会很喜欢自己的作品。

如果妈妈看他画得离自己预定的目标越差越远，想要指导，告诉他要怎么画，他可能画着画着就不想画了，因为他的思维被打乱了，也享受不到自由创作的快乐了。

孩子们的想象力比大人的要丰富得多，所以我们看到他们画出来的画，可能太阳是绿色的，小猫是带翅膀的，湖水是粉色的……充满了奇思妙想。也正因为如此，他们的这种随心创作才显得可贵。如果他们都按照大人的思维去画画，画出的东西也千篇一律，那可能就不值得一看了。

和画画一样，孩子做其他的事情也都有自己的想法。他的想法不一定对，但是只要他愿意去做一件事情，只要这件事情不是违法乱纪的，不会置他自己于危险之中的，做妈妈的就应该鼓励他按照自己的想法去实施，而不要代替他去做。

我想，每个妈妈都不喜欢别人对自己所做的事情指手画脚、横加干涉，那么推己及人，我们的孩子何尝不是如此呢？虽然在妈妈们眼里，孩子做什么事情都显得很笨拙，让人担心他是否能做好，但结果并不是最重要的，最重要的是他需要去做，去体验做的过程，在过程中学习，在过程中成长。这种成长的过程对于孩子的人生是非常珍贵的，也是我们做妈妈的应该去珍惜的。

在这个过程中，我们只要陪在孩子身边，让他觉得安全，可以给他建议，可以讲清楚事情的原则，防止他走上歧途，可以跟他说说我们的经验，让他少走弯路。但一定不要代劳，不要剥夺孩子成长的机会。

让孩子感受被爱，学会去爱

父母对孩子的爱，也是需要回报的。所以要让孩子感受到我们的爱，教他们如何回报我们的爱。

爱也需要用语言来表达

我们看美国电视剧，父母子女之间经常把“I Love You”挂在嘴边，似乎就是一个语气词。而传统的中国家长，尤其是父亲往往不好意思或者不屑于用语言表达对孩子的爱意。诚然，表达对孩子的爱，方式不是用语言说出来这一种。但是说出来更有利于孩子感受到我们的爱。

爱的表达，不必是随时随地口口声声“宝贝，我爱你”，但至少在孩子小的时候，妈妈们要让孩子听到你亲口表白。因为他还小，还不能够体会到你无时无刻不在的爱，也不能够体会到你打他、骂他其实是恨铁不成钢。唯有语言是很直接的，是一下子就能让他明白的。

爱的表达是什么样的呢？比如，刚上小学一年级的孩子考试考了40分，自己心里很难过也很害怕，战战兢兢地拿着试卷找妈妈签字。脾气火暴的妈妈看了非常生气，张嘴就训斥："你看你，整天就知道玩，成绩一塌糊涂！饭都白吃了！要是下次再考不好，再也不许看电视！"

或者有的妈妈稍微温柔一些："哎呀，宝贝，这么简单的题目，你看你就考这么点儿分，以后可怎么办啊？从今天开始要好好用功，不许再看电视了！"

这些是爱的表达吗？显然不是的。

妈妈们都是因为很爱孩子，所以当孩子考试没考好就会很焦虑，为孩子的将来担心。但是这样的表达，只能让孩子伤心，觉得考试没考好，妈妈对自己就不如以前好了，进而会害怕考试，一到考试就很紧张。孩子把考试成绩和妈妈的爱联系起来，认为妈妈只爱考得好的自己，讨厌成绩不好的自己。

善于表达爱意的妈妈会怎么做？当孩子考得很差，妈妈要知道，孩子自己也很难过，而且很害怕妈妈生气，需要自己的安慰和鼓励。这时抱抱孩子，拍拍他的肩，说："宝贝，妈妈知道你没考好肯定很难过，不要紧，一次考试没考好不要紧，妈妈相信你下次一定能考好的。来，和妈妈一起看看做错的题目吧！"拉孩子一起到桌前分析试卷，孩子的紧张和害怕没有了，当然也能感到妈妈对自己的爱了。

所以，爱的表达不一定是“我爱你”，还有别的很多东西可以说，特别是在特定场景之下：

孩子用积木搭了一座漂亮的城堡给你看，对他说：“真棒！”或者“太好了！”

早上起来孩子自己把衣服穿上了，也可以对他说：“真乖！越来越能干了！”

孩子在幼儿园被老师责骂，你可以告诉他：“没事儿，妈妈相信你不是故意的，下次一定能做得很棒！”

孩子摔倒了，虽然不必每次都急着去把他扶起来，但在他确实摔痛的时候，去帮助他一下，抱抱他，关切却不过分地问他：“痛吗？有没有受伤？”

这些都是爱的表达。

表达爱不是要让妈妈们做啦啦队没完没了地赞美夸奖孩子，而是要让孩子感到你的关注和重视。等孩子慢慢长大懂事，他自然也会明白你的赞美其实是对自己的“爱”和鼓励。他会由衷地感谢父母对自己的赞许，感谢父母对自己的爱。

给孩子表达爱意的机会

陈安仪在《孩子，我要教你怎么爱我》这本书里写道：“爱与关怀的能力并不是与生俱来，它是需要培养的。教导孩子回报我们给予的爱，跟我们爱他同样重要。”

我觉得她写得很对。虽然说父母对孩子的爱是无私的，是不需要回报的。可是你会不会觉得，当孩子回报给你爱的时候，你会更开心，更爱他？这就是良性循环，这种循环是威力无穷的正能量，会让自己和孩子的身心更加愉悦，更有幸福感！

可是很多妈妈一直践行默默奉献、不计回报的原则，不给孩子表达爱的机会。这实在是太可惜了。

比如，妈妈工作一天回到家，正在写作业的孩子跑过来关心自己，要给妈妈倒水，或者给妈妈捶捶肩，妈妈经常会说：“快去写作业吧！妈妈自己来！”孩子肯定就去写作业了。他想回报给妈妈一些爱，妈妈却说不需要，他就会觉得自己不重要，也不被需要，以后管好自己的事情就行了。久而久之，他就不再对妈妈表达自己的爱了。

而且，孩子很小的时候，其实是不会表达的，这就需要我们教会他如何表达。果果听到我咳嗽的时候，他也会望我一眼，一副想说点儿什么但又不知道说什么的样子，然后继续做他自己的事情。我知道，他不是不关心我，而是他不知道怎样表达他的关心。

后来我就告诉他：“妈妈咳嗽的时候，你要过来给妈妈拍拍背，要关心妈妈。”他记住了。现在只要家里任何人咳嗽，他都会跑过去拍拍背，说：“××，你要快点儿好！”家里人对他的表现都十分满意。

孩子内心深处的安全感只有妈妈能给

在孩子成长的过程中，会有一些事情让他感到担心和害怕，但只要他知道妈妈就在自己的身后，他就会超乎你想象地勇敢起来。

以后再也不偷偷离开了

自从有了果果之后，我尽量不出差，因为他从没有长时间离开我，一旦我几天不在家，我害怕他会哭闹。大约是他4岁的时候，有一次公司派我出差，要一周的时间。由于这一次没办法找人替代，也就是说我非去不可。我思前想后，决定不让果果提前知道，因为提前知道的话，他说不定会哭闹着不让我离开。

我和家里人都交代好，不让他们告诉果果，如果果果问起来，就说妈妈去给他买好吃的了。临走的时候我让老公带他去小区玩，我就趁机偷偷走了。

虽然人在外，我的心却记挂着果果，天天打电话问情况，因为怕他听到我的声音会更难过，就不敢让他接电话。听说他每天都不想去幼儿园，傍晚的时候总要站在阳台上看，等我回家，晚上睡觉前都会哭着要妈妈。

我出差回家，果果见我就哭了，我把他搂在怀里，自己也哭得稀里哗啦的。接下来，果果就一直拉着我，我到哪里他就跟到哪里，晚上睡觉也要我陪着一起睡。第二天，我送他去幼儿园，临别的时候，果果不愿意进去，我答应晚上来接他，他半信半疑："妈妈，是真的吗？你不走了吗？"我郑重地点头答应他，还跟他拉钩确认，他这才一步三回头地走进了教室。看来我的不辞而别让他伤心和害怕了。

从那次之后很长一段时间，果果和我分开的时候，总会表现出很担心的样子。

后来，有经验的妈妈告诉我，要出远门的话，最好提前告诉孩子，虽然可能引起一时的哭闹，但是让孩子在心理上有了一个准备，接下来的日子里他不会感到害怕。

对孩子来说，妈妈突然不见了会让他感到害怕、恐惧、焦急、烦躁，以为自己被妈妈抛弃，心里会有非常不安的感觉。在离开以后可以给孩子打电话，或者使用视频聊天，让孩子感受到妈妈就在不远的地方。或者可以事先录音，然后让照顾孩子的亲人在入睡前放给孩子听，妈妈的声音是对孩子焦虑情绪最好的抚慰。

别紧张，有妈妈在

果果第一次站在舞台上表演是幼儿园中班的时候。那次是儿童节，幼儿园要举办一次文艺会演，果果和班上十几个小朋友一起表演一个舞蹈，全园的小朋友和家长都会去观看。

果果虽然个性还算活泼开朗，但是在那么多人面前登台表演还是头一回。他可能有一些紧张，在前往幼儿园的路上一直紧紧抓着我的手。我把他送到后台，老师们正在给小朋友们上妆。见果果来了，一个老师把他拉到一旁给他换衣服、化妆。我见人太多，就到外面走了一圈。等我回来，果果已经化好妆了，他一个人站在那里到处张望，一看到我似乎就放心了，对我直笑。

我走过去，拉着他的手夸他真好看。他问："妈妈，你会看我表演的节目吗？"我说："当然会了。你上台时别紧张，妈妈和爸爸都在台下为你加油哦！"他点点头。

我和他爸爸找了一个距离舞台比较近的位置，好让他能看到我们。轮到他们上场了，我看到果果边表演边朝台下看，就知道他是在找我呢。我向他挥手，挥了好一会儿他才看到我。一看到我，他就笑了，表演得更起劲儿了。

在回家的路上，我问果果跳舞时是不是害怕，他说："我看到妈妈和爸爸，就不害怕了！”

我想，所有的孩子都和果果一样，当他们做一件从没做过的事情时，当他们紧张、面临困境时，总是希望能看到妈妈的脸，感受到妈妈的支持，这样他们才会有安全感，才会勇敢地去探索，放心地去行动。

心理学研究显示，有安全感的孩子情绪稳定，个性坚定平和，遇事不会惊慌失措，能较好地与人沟通，能理智地处理在生活中遇到的难题。缺乏安全感的孩子，则表现为情绪波动大、胆小怕事、个性孤僻、承受挫折的能力弱等人格倾向。

而一个人的安全感，与生命早期和母体的关系密切相关，也与幼年时父母对孩子的理解、关爱和保护有关。所以，在培养孩子的安全感方面，妈妈的地位是其他人替代不了的。因此，妈妈们不要随意离开孩子，不要随意把孩子放在陌生的环境中，应该让孩子随时随地感受你的关怀，更安心、更有勇气地面对生活。

妈妈好学，孩子自然爱学习

与其耳提面命，不如亲身实践，为孩子树立勤奋好学的好榜样。

十万个为什么

像大多数孩子一样，果果总有问不完的问题，和他在一起，我时时刻刻要准备解答他的各种疑问。但是，妈妈们知道，要想把孩子的所有问题回答好是很有难度的，或者说是根本不可能的。

很小的时候，果果的问题虽然千奇百怪，但是回答起来比较简单，根据想象编一个答案就好了。反正说过没几天他就忘记了，还会接着问。比如两三岁的时候，他问我："妈妈，天为什么会下雨呀？"我就说："因为乌云挡住了太阳把天气气哭了……”他就若有所思地看着天。过一阵子下雨了，他又开始问了。

等到他长大一些，我的这种回答显然不能满足他的好奇心。我也知道不能随便敷衍他，对于他的问题应该找到科学合理的答案才是对他负责。于是我给自己买了一套《十万个为什么》——因为他自己那时候还看不懂，我只好亲自帮他找答案。

后来果果上小学了，能自己看一些书了，我帮他买了图画版的《十万个为什么》，他再有问题我就让他自己找书去看。我真是很感激有这样一套书，把我从孩子没完没了的“拷问”中解放出来了。

不过有了书也未必能完全应付这个“问题儿童”，《十万个为什么》也不能完全涵盖果果的问题。比如：“妈妈，为什么您不吃鸡蛋？”“因为妈妈对鸡蛋过敏。”“为什么妈妈对鸡蛋过敏？”“呃，妈妈身体里有一些不喜欢鸡蛋的细胞。”“它们为什么不喜欢鸡蛋呢？我就喜欢吃鸡蛋。”……我不能再说了，再说下去就是纯粹瞎说，会误导他了；再说下去也不能阻止他接下去的“为什么”。于是我就假装生气了，说：“哪有那么多为什么！”果果就不再问了。

有一次午休的时候，我看同事在忙着查数据，边查还边往纸上写。我就问：“中午也不休息吗？”“唉，昨天孩子问了我一个问题，我也不知道，答应他晚上回家告诉他答案。所以赶紧利用空闲的时候上网查查。怕忘了，还得记下来。”

我想起自己对果果那种敷衍的态度，深感惭愧。当果果问了我不知道的问题时，我为什么就不能虚心地找找资料帮他解答呢？我一直希望他能养成勤奋好学的好习惯，而我自己却背道而驰。

和孩子一起学习

想起我的伯母跟我说的当年她教育我堂哥的事情。我的堂哥是我们兄弟姐妹中学习最好的一个，不仅功课好，还做得一手好菜，对人也是彬彬有礼，亲朋好友没有人不夸赞的。

伯母说学习其实跟吃饭有共同之处——饭要人多吃着才香，学习要大家一起学才有趣。所以她总是找机会跟堂哥一起学习，她是学会计的，虽然她已有的知识应付工作绰绰有余，但她还是去考各种证书，既为了激励自己不断学习，也为了给孩子做个榜样。

有一次假期，为了准备考试，她就在家看书做题，没有下过楼。在她的带领下，堂哥也不甘落后，竟然也没有下楼玩过。

试想，当孩子看到妈妈专心地学习，是不是也会不好意思放着作业不做到处玩了？当孩子问妈妈问题，如果妈妈不仅不能给他解答，还嫌他问得多，那孩子以后还能继续保持可贵的探索精神吗？当孩子在房间写作业，而大人们在客厅里却开着电视、聊着天，这样我们还能指望孩子安安心心好好写作业吗？

所谓“近朱者赤，近墨者黑”，父母的行为和思想对孩子有潜移默化的作用，父母的一言一行，甚至生活中的细节，都会在孩子的心里产生不同程度的影响。用实际行动来教导孩子远比空洞的语言有效果。

因此，要想培养出勤学好问的孩子，妈妈首先要做个勤学好问的妈妈。不仅是妈妈，爸爸也不例外，或者来个全家总动员。如果在孩子学习的时候，其他家人也自觉地学习，比如看书、看报等；遇到孩子感兴趣的知识和孩子一起讨论，一起学习；当孩子问了我们也不能回答的问题时，虚心和孩子一起寻找答案，相信在这种浓厚的学习氛围里，孩子必然能养成好学的习惯。

做一个让孩子感到骄傲的妈妈

如果想要一个让你感到骄傲的孩子，那么自己就先做一个让孩子感到骄傲的妈妈吧！

满足一下孩子小小的虚荣心

果果上幼儿园的时候，幼儿园定期会有家长开放日活动。那时候我就发现小孩子们的攀比心理真是很严重。

第一学期家长开放日的第二天，果果就回来传达："佳佳的妈妈最漂亮，她穿了花裙子，丁丁的妈妈最难看，丁丁哭了，老师责骂我们了……"他没说明白，我倒是听明白了。

看样子小朋友们把前一天到场的妈妈们议论了一番，评选出"最美"妈妈和"最难看"妈妈。

佳佳的妈妈被选为"最美"的妈妈，因为她穿着漂亮的花裙子，丁丁的妈妈被选为“最难看”的妈妈，丁丁受不了打击，哭了。丁丁哭了，老师自然要责骂大家。

其实在我看来，到场的妈妈基本都是一般人，外表也很难分出最美和最丑的。小孩子们就是根据妈妈们的衣着给他们留下的深刻印象而做出评价。

我暗自庆幸没有成为那群小家伙眼中的最难看妈妈，同时对他们这种很不厚道的攀比行为进行了批评教育。果果似懂非懂，总之答应以后不说别人难看就是了。不过想想也对，爱美之心，人皆有之，小朋友们也是爱美的。从那之后，我每次去幼儿园都会比较注重穿着，尽量给他们呈现美好的形象。我可不能让果果因为妈妈难看而受委屈。这一举动还带来一些正面效应，其中之一，也是最让我得意的是，果果的爸爸也夸奖我比以前漂亮啦！

常常有妈妈抱怨，现在的孩子太喜欢攀比了。我也发现这几乎快成为一个很严重的社会问题了。但是妈妈们也不要一味否认他们的虚荣心——也是不可能完全消灭的。如果有一些攀比没有过火甚至有益无害，可以保护孩子的自尊心，可以促进孩子的进步，我们不妨满足一下。做一些让孩子觉得很有面子的事情，妈妈在他心目中的地位就变高了，说话也有分量了，教育起来不就更省力一些吗？

见识一下妈妈的能力

果果所在的小学每月有一次让家长进课堂讲课的活动。被选上的家长要给班上的同学讲一堂课，只要讲和自己从事的工作相关的内容就可以。轮到果果的那一次，他很兴奋，放学一见到我就跟我说："妈妈，您去给我们同学讲课吧！我跟同学说了，我妈妈是作家哦！他们可羡慕了！"我一听有点儿不高兴了，觉得这孩子真是爱慕虚荣。不过一想，他哪里知道什么是作家啊！只不过见我经常加班写稿子，就觉得我就是作家了。同时我又有点儿小紧张，讲课是没问题，但是讲不好的话，果果会觉得很没面子的。

到了要讲课的前一周，果果天天问我："妈妈，您有没有准备好？"

我看他这么重视，自然也不敢怠慢。为了那次讲课，我尽心尽力准备了一个星期。配合我的工作，我给孩子们讲了《一张报纸的诞生》，讲讲他们平时每天都看到的报纸，从开始策划到最终印刷出来的全过程。为了便于他们理解，我还专门准备了一些我们工作时的照片，比如同事采访的场景、拼版的场景、印刷厂的场景……我想孩子们会比较喜欢直观的素材。那堂课讲得怎么样我没什么感觉，不过果果很满意。回来很骄傲地跟我说："妈妈，同学们都说您讲得好，他们可羡慕我了。我们老师说以后我们班要办班报，要让您给我们指导呢！妈妈，我以后要好好学习，像您一样当作家。”

我很想说妈妈还称不上作家，不过看他那个崇拜的眼神，我的话就没有说出口。为了保持他的崇拜，我想我应该努力创作，争取成为真正的作家。

当妈妈的都希望自己的孩子在各个方面表现出色，谈到自己孩子的成绩或者优点的时候可以满怀自豪。将心比心，孩子们也希望是这样，所以，我们一定要好好表现，做一个让孩子感到骄傲的妈妈。都说父母是孩子最好的老师，当孩子发现自己的妈妈原来那么棒，一定会在心里由衷敬佩，进而迸发出向妈妈看齐的无穷动力。这对于增强孩子的自信心、增强我们的教育力，都是很有好处的。

第2章

爱孩子，先要了解孩子

妈妈太严厉，拉大了母子间的距离

过于严厉的教育方法不仅会让孩子产生叛逆和畏惧感，还会影响亲子关系，实在得不偿失。

难过：孩子最喜欢的家人是奶奶

我看过一则新闻，说一家问卷调查公司在某地区针对6～12岁的孩子进行了主题为“儿童之最”的调查研究活动，其中有一项是：在孩子的心中，谁是自己最喜欢的人。调查结果显示，44.3％的孩子认为妈妈是自己最喜欢的人。我感到很诧异，44.3％这个比例是不是有点儿低？在我的印象中，小时候写作文，大部分同学总会写篇关于我最喜欢的人是妈妈的文章，现在是多元化社会，难道孩子们喜欢的人也多元化了？

6岁的果果还没到会写作文的年龄，我还不能从他的文字中看到“我最喜欢的人是我的妈妈”，而且也没有听他说过。不过，我想果果心里最喜欢的人，肯定是我这个妈妈啦！因为我是世界上最爱他的人，我生他养他，给他做好吃的，给他买好看的衣服、好玩的玩具，给他唱歌、讲故事、哄他睡觉，给他拿书包、送他上学……总之能为他做的我都做，而且都尽量做到最好。这样的妈妈，难道不应该是他最喜欢的人吗？

小时候，大人们经常问他：“你喜欢爸爸还是妈妈？”“你喜欢爷爷还是奶奶？”他好像知道大家是逗他，有时候会回答，有时候偏不说，有时候说都喜欢，还有一次他居然回答说：“我喜欢豆丁。”

豆丁是谁呢？豆丁是他姑姑家的小狗！所以，对于他说喜欢谁之类的话，我也不当真。小孩子对“喜欢”这个词汇大概也没什么概念，哪知道自己喜欢谁呢？

现在他已经6岁了，应该知道什么是喜欢，自己喜欢谁、不喜欢谁心里也应该是清楚的。他经常回家跟我们说他喜欢哪个老师，不喜欢哪个老师。但是现在大人们反而都不问他最喜欢谁了。

我决定验证一下我的想法，就让老公去问他。之所以我自己不去问，是因为我觉得如果我自己问的话，得出的结果会显得不客观。

果果正坐在他的小桌子前涂鸦，爸爸走过去坐他旁边，看了一会儿，问：“宝贝，爸爸问你一个问题，你最喜欢的人是谁？”果果抬头看了看爸爸，想了想，说：“我最喜欢李左右。”李左右是他的同学，楼上邻居家的宝宝。他爸爸又问：“在我们家，你最喜欢谁呢？”他又想了想说：“最喜欢奶奶！”“为什么呢？”“奶奶不打我，也不骂我，带我去麦当劳，还给我买玩具。”他的回答听起来是认真的，可是我心里酸溜溜的。

反思：是我的严厉让我们产生了距离

孩子是最真实的，他们一向爱憎分明，毫不隐讳。正因为如此，我才会对果果的回答耿耿于怀。虽然我也知道，在家里我是打他最多、骂他最多的人，难道他感受不到隐藏在打和骂背后的浓浓爱意吗？

心理学研究显示，3岁以后，孩子会意识到父母的重要性，尤其是妈妈。也许是天性，孩子会自发地认识到妈妈的存在，认识到这个人才是最爱自己、最愿意为自己付出的人，此时的孩子应该和妈妈建立起了最密切的依恋关系。如果妈妈发现自己没有跟孩子建立起应有的依恋关系，那恐怕要找一下自身的原因了。

仔细想想，果果最喜欢奶奶是因为奶奶带他去玩，不打他，也不骂他，还带他去麦当劳。在家里，爷爷在任何事情上都是奶奶的助手，对待果果也是听奶奶的；爸爸因为工作太忙常常没有时间陪他；我呢，没有那么多时间带他玩，做错事情会骂他，有时候还会打他，不准乱吃零食，不准吃垃圾食品，不准……好像从小到现在，我是那个一直“管”他的人；而奶奶是“宠”他的人，从来不“得罪”他，经常替他解围。

当然，孩子必须得有人管，管教孩子也是爱孩子的一个重要方面。但是在反思之后发现，我可能之前在方式上出现了问题：一是管教的方面，我常常把自己的想法强加给他，引起他的反感。二是管教的态度，可能不够细心、不够温柔，让他产生了叛逆和畏惧感。另外，长期以来，在教育他的问题上，我都是扮演“黑脸”，也让他对我产生了一种刻板印象了，认为妈妈就是专门和他作对的人，所以，这样的妈妈怎么会是他最喜欢的人？

勿让成年人不好的价值观污染孩子的心灵

不要让大人不好的价值观污染了孩子纯洁的世界。

惭愧：原来果果最好的朋友不是豆豆

一次在学校门口等果果放学的时候，碰到豆豆的妈妈也在那里。我记得果果曾经和我说过，豆豆是他们班的学习委员，成绩很好，也是他最好的朋友。于是，我很热情地跟豆豆妈妈打了招呼，并和她聊了起来。我夸奖豆豆成绩好，还拜托她让豆豆多多帮助我家果果，她也很客气地夸奖我家果果听话懂事。正说着，果果和几个同学一起出来了，我拉着他的手跟豆豆妈妈说了声“再见”就往家走。

我想起刚才遇到了豆豆妈妈，就问果果：“豆豆还是你们班上成绩最好的同学吗？”

果果“嗯”了一声，然后又补充说：“妈妈，我已经不和豆豆做好朋友了。”我很诧异，问他为什么。

他说：“豆豆很骄傲，只喜欢和成绩好的同学玩，还不喜欢帮助别人。”

“哦，”我心里有点儿小失望，“那你现在最好的朋友是谁啊？”我接着问。

“妈妈，这件事情我现在不想告诉您。”小家伙还跟我卖关子了。

我想起来我之前和他说过的交友准则：“要和班上功课好、品德好、个性好的孩子交朋友，不要跟那些爱打架、爱说脏话、老穿脏衣服的孩子玩。”果果为什么不愿意告诉我他的好朋友是谁？原因可能只有一个，就是违反了交友准则。那么，他的好朋友到底是成绩差还是爱打架、爱说脏话呢？可惜他不告诉我。

交友准则的由来

记得果果刚上幼儿园的时候，每天放学回来都会向我汇报小朋友们的事情，谁会唱歌，谁会跳舞，谁爱打架，谁家有大狼狗……当然，所说的基本都是和他关系好的小朋友。我总是不怎么理会，对小孩子的友谊也不当真，他们好的时候形影不离，因为争一个玩具就互不搭理。但是我知道“近朱者赤，近墨者黑”，孩子跟什么样的人交朋友是一件很重要的事情。为了防止他学坏，我就给他制订了交友准则。

果果上大班时，有一段时间，我发现他说话不时带着脏字，甚至爆粗口。我责备了他，叫他不要说脏话，他反而问我："我没说脏话啊！什么是脏话？"我意识到可能是他跟爱说脏话的小朋友一起玩跟人家学的，自己却并不知道这样不好。我找了老师了解情况，果然不出我所料，果果那段时间跟班上一个叫一鸣的小朋友很要好，经常一起玩。一鸣喜欢打架、骂人，特别调皮，老师都拿他没办法。

我觉得果果还小，是非观念比较薄弱，分不清楚什么行为是好，什么行为是坏，作为妈妈如果在这个时候不采取行动，时间长了，他真就学坏了。于是，我很严肃地告诫他以后少跟一鸣一起玩，因为一鸣不是好孩子。

"可是一鸣经常帮助我，我和他一起玩，别人都不敢欺负我。"

"一鸣爱打架、爱骂人，根本就是个坏孩子，你要是不想变成大家都讨厌的坏孩子，以后就少跟他一起玩。妈妈过一段时间再找老师了解情况，要是发现你还跟他一起玩，我可就不客气了啊！"我觉得只有这样才能让他真正远离调皮捣蛋的一鸣。果果倒也听话，后来真的就不怎么和一鸣在一起了。

从那以后，关于朋友的事情果果跟我说得也比较少了，加上我一向反对他带小朋友回家，怕把家里弄乱，也怕孩子们在家发生争执，跟人家爸妈不好交代，果果的朋友们也就渐渐淡出我的视线了。我偶尔想起来就问问，有时也会找老师打听打听，老师说果果的朋友都是成绩不错的、听话的好孩子，慢慢地我也就不怎么管这件事情了。

可是现在，他居然还不想跟我说了。

反思：大人的功利思想毁坏了孩子的友谊

孩子成长的每个阶段都需要朋友。作为世界观和价值观都已定型的成年人，我觉得家长在指导孩子交友方面是应该有所作为的。但是从我的经验来看，在这个过程中，父母不可操之过急，更不能主宰孩子的交友，实际上也无法主宰，因为孩子对付强制父母的办法，是把真实的自己隐藏起来。父母得到的只是一个虚假表现，这样就不可能真正了解孩子，更不能正确地解决问题。

再想想我跟果果订立的交友原则，其实也是充满了大人的功利思想，它违背了交友的根本目的，也玷污了友谊的纯洁。人为什么要有朋友？不就是为了能和志趣相投的人一起共度人生吗？孩子小的时候，能与自己欣赏和喜欢的人一起玩耍、一起学习，是多么值得珍惜的事。等他长大，回忆起来心里也会充满温暖。为什么一定要和成绩好、听话的同学交朋友呢？成绩不好、调皮的孩子身上不也是有优点的吗？如果孩子能在友谊中获得快乐，得到成长，其实就是交到了好朋友。

尊重孩子付出的爱

孩子首先是一个独立的人，然后才是我们的孩子。

果果的宠物被我杀了

和大多数小朋友一样，果果从小就非常喜欢小动物。他几次请求，想养只小狗或者小猫。我觉得家里养宠物太麻烦，就一直没答应。我不愿意养，他也没有办法。只是每当看到别人牵着小狗散步，他都目送好远。

有一段时间，我发现他好像有什么事情瞒着我，有时候会拿自己的零食独自到阳台上去吃，有时候躲在阳台玩，还像是和谁在说话。经过我偷偷观察，发现他说话的对象是一个小玻璃瓶。我趁他不注意的时候，拿到那个小瓶子一看，天哪！里面有一只蟑螂。这么脏的东西，他居然拿来当宠物养，万一传染什么疾病可怎么办？我毫不犹豫地把蟑螂倒出来，用脚踩死了，连同那个瓶子，一起扔进了垃圾桶。

果果回到家，找不到他的瓶子，急得直哭。没办法，我只好跟他说了实话。他哭得更厉害了，边哭还边说“妈妈是坏蛋”，丝毫不理会我跟他讲的蟑螂有多脏有多恶心的话。奶奶把他拉进房间安慰了好久，还许诺帮他再养一只小动物，他才停止了哭泣。

此后好几天，小家伙一直闷闷不乐，有时候还到阳台上默默待一会儿。

果果的第二次养宠物经历

奶奶帮他再养一只小动物的许诺迟迟没有兑现。原因是我真没想好要养什么。小猫、小狗之类的绝对不行，喂养太麻烦，还会掉毛，弄得家里很脏。金鱼倒是不错，还好看，但总要换水也麻烦，家里也没有地方放鱼缸。

有一天，果果的奶奶买菜回来的路上见有人卖小乌龟，听人家说很好养，就给他买了两只，放在小玻璃缸里面。果果回家见了小乌龟，欢呼雀跃，喜欢得不得了，每天回家的第一件事就是看看他的小乌龟，还给小乌龟取了名字。蟑螂被我弄死带来的伤害看似彻底治愈了。

小乌龟就是好养，生命力还很顽强。果果有一次不小心把乌龟摔在了地上，乌龟就把腿脚和脑袋都缩进壳里。果果捧起乌龟，急得大叫：“妈妈，小乌龟被我摔死了！”我赶紧跑去看，捧在果果手心的小乌龟慢慢伸出小脑袋，好端端的，一点儿都没事。果果高兴得又蹦又跳。

果果还经常给乌龟喂食，就像是他的任务一样。冬天的时候乌龟冬眠了，整天一动不动，果果担心极了，以为乌龟生病了。我趁机给他补充了一些关于动物冬眠的知识，他听得津津有味。

反思：尊重孩子付出的爱

“蟑螂事件”让我很愧疚。当我杀死那只蟑螂的时候，真的没想到会让果果那么伤心。在果果闷闷不乐的那几天，我想了很多。我深刻地反省自己的所作所为，发现自己是多么残忍。在我们大人看来，蟑螂就是脏、恶心、害虫的代名词，但是果果没有这样的概念。他还不知道什么是害虫，不知道被他当成宠物的这个小昆虫有多大危害。他对它倾注了感情，付出了爱；它给他带来了满足和喜悦。而我，毫不留情地破坏了这一切。

果果他们这一代孩子，很多都是独生子女。在学校还好，有同学和朋友，但是回到家没有伙伴，显得很孤单。我又不喜欢他到其他小朋友家玩，也不怎么愿意让他带小朋友来我家玩，所以很多时候我们大人有事情要做，他就只能一个人摆弄自己的玩具，一个人拿着画笔涂鸦，想想他心里多么孤独啊！

养只小动物，其实就是给他找个玩伴，让他孤单的时候有个寄托，还能培养他的爱心和责任心。如果我早点儿想到这些，他也就不会拿一只蟑螂当宠物了。

通过“蟑螂事件”，我也意识到果果是一个很有爱心的孩子。相比之下，我这个做妈妈的在这件事情上显得有些“冷血”了。杀死果果的“宠物”固然是考虑不周，如果能站在果果的立场来解决这个问题，可能也不会让他那么伤心。当他看不到“宠物”到处找的时候，我运用一些技巧来跟他说这件事情，比如告诉他这只蟑螂想去找自己的妈妈，我送它回家了，果果听了是不是就不会那么难过了？

最贵的礼物不是最好的礼物

让奖励留在孩子的记忆深处，才能产生长久的作用。

果果过了一个不怎么开心的儿童节

跟大多数同龄的小朋友一样，果果每年都有几个可以收到礼物的固定日子，分别是过新年、儿童节、生日。还有一些时候，为了奖励他做到某些事情，比如帮妈妈做家务，在学校得了奖励之类的，我们也会买一些礼物给他。平时我们出门，看到什么好玩的也会想着买给他。

日积月累，果果的礼物越来越多，有时候我收拾房间都不知道将这些物品往哪里塞。更烦恼的是，每当过节或者他生日的时候，不知道给他买什么礼物好。当然也会征求他的意见，但小孩子的奇思妙想又不是那么容易实现的。有时候我觉得他说得不合理也不会按照他的想法去办。记得去年生日，问他想要什么礼物，他说要一个飞天扫帚（看《哈利·波特》影响的）。今年儿童节前几天，我让果果先想想要什么礼物。果果想了几天，说他想要和爸爸妈妈一起去海洋馆，因为他们好多同学都和爸爸妈妈一起去了，还拍了好多照片。

我和他爸爸听了都很为难，因为儿童节那天我们都抽不出时间来陪他。但是我想，到时候让爷爷奶奶陪他去玩，然后再给他买一个他之前想要的遥控飞机作为补偿，应该会让他很高兴的。

儿童节前一天晚上，我跟果果解释说我和爸爸有很重要的事情要处理，所以不能陪他去海洋馆了，让爷爷奶奶陪他去。然后，我给他拿出遥控飞机。小家伙听了我的话有些闷闷不乐，但看到飞机就高兴起来了。第二天一早我就上班了，下午回来果果已经在家了，一个人在玩遥控飞机。我问他玩得怎么样，他说好玩。但我感觉他好像不是特别高兴，要是高兴的话，早就迫不及待跟我讲一天的见闻了。

我去问奶奶，奶奶说果果在海洋馆玩得挺高兴的，回来之后情绪就不怎么高了。我就问果果在海洋馆都看到什么了，他就给我讲，看到大鲨鱼、小丑鱼、美人鱼……“我本来想拍很多照片，可以带给小朋友们看的，可是爷爷和奶奶没有拍照！”

哦，原来不高兴是这个原因。的确，没有留下照片是很遗憾，小孩子都喜欢跟朋友们炫耀，没有照片为证，怕别人不相信他。我安慰他说下次爸爸妈妈一定再带你去一次，拍很多照片。

他听了，问我："下次妈妈和爸爸不用上班吗？"我真不知道该怎么回答他。因为我不敢保证下次就能不上班陪他好好玩一天。

最好的礼物是让他最开心的礼物

果果最喜欢的东西是我们自己做的一个陶罐子。本色的罐子上，有果果亲手画的小鱼花纹。那是果果4岁生日的时候，我和他爸爸在一个朋友的介绍下，带他参加一个自制陶器的亲子活动一起做的。虽然那个罐子做得不是很漂亮，也做得有些粗陋，但在当时到场的12个家庭的作品里，我们还得到了优秀奖。活动举办者给获奖小朋友发了一个别致的小奖牌（其实每个孩子都有奖品的），还给我们拍了一张全家福。果果拿着那个奖牌站在我和他爸爸中间，笑得特别灿烂。

活动过后大概一周，罐子烧制好了，被放在漂亮的包装盒里送到家。果果强烈要求把它放在客厅最显眼的位置。还有亲子活动时拍的照片，果果也要我装在相框里放在罐子的旁边。家里来客人时果果就跟别人介绍："这是我自己做的……"

反思：礼物不一定要用钱买

有时候看到果果那么多好玩的玩具，那么多漂亮的衣服，我真挺羡慕他的。比起我小时候，他真是太富足了。在我的童年里，我经常穿姐姐的旧衣服，玩具几乎没有。偶尔妈妈给买件新衣服，那心情就跟过年似的，穿在身上小心翼翼的，生怕弄脏。

但是现在的孩子似乎越富足越不容易满足，平常的礼物已经很难取悦他们了。反思一下，是不是我们对礼物的理解出现了偏差？似乎说起礼物，我们就想到要去商店买。可是对物质上已经很丰富的孩子们来说，买来的礼物越来越缺乏激励作用了。所以，如今的父母们，是不是应该从注重“物质礼物”转向用心准备的“精神礼物”呢？想到这里，我想起了心理学上的一个研究。

心理学家曾做过这样的实验：挑选了一些爱绘画的孩子分为A、B两组。A组孩子得到许诺：画得好，就给奖品，B组孩子则只被告知“想看看你们的画”。两个组的孩子都高兴地画了自己喜爱的画。A组孩子得到了奖品，B组孩子只得到了几句平常的赞语。

三个星期后，心理学家发现，A组孩子大多不主动去绘画，他们绘画的兴趣也明显降低，而B组孩子则仍和以前一样愉快地绘画。这个实验，曾在不同国家、不同兴趣组里进行过，实验结果得到了反复验证。它告诉我们：奖品固然可以强化某种良性行为，但它也有使人只对所获奖品感兴趣，而对被奖励的行为本身失去兴趣的危险。

其实，一个人除物质需求外，还有被尊重、被认可、被理解、被关爱等多方面的精神需求。孩子虽小，但也是一个有精神需求的独立个体。现在的孩子，物质方面相对来说都很丰富了，所以，我们在准备礼物的时候，可以多在精神层次下功夫，比如陪孩子一起看场电影、一起去旅游，或者让他选择一件自己喜欢做的事情，这些可能比买一件昂贵的礼物更受孩子欢迎。

孩子的成功也需要分享

懂得分享孩子的成功，是尊重孩子的表现，也是关心孩子的重要方式。

由一则公益广告想到的

很多人应该都看过这样一则公益广告：夜深人静，一个文静可爱的小女孩眼巴巴地等待爸爸归来。她手里拿着一张奖状，急切地盼望着深夜未归的爸爸，希望爸爸能分享她成功的喜悦。可是，汽车喇叭声飘过，看不到爸爸归来的身影；脚步声传来，听不见爸爸熟悉的声音；开门声响起，仍然不是爸爸夜归的声息……一次次盼望，一次次失望，小女孩满脸委屈，伴着失望的泪水疲倦地入睡。半夜，小女孩的爸爸回家，打开虚掩的房门，一张奖状半摊开着掉在了地上……

很多父母看到这则广告都有可能会被深深触动。现代父母往往忙于工作，陪孩子的时间有限，当孩子需要父母夸奖、需要父母鼓励、需要父母安慰的时候，父母可能不在身边。即使能陪在身边，能真心领会和分享孩子成功喜悦的又有多少呢？

果果从幼儿园小班的时候就开始学习电子琴了，当时是我随便给他选修的才艺课程。没想到，他学习了一段时间还真的对电子琴产生了兴趣，有一段时间还吵着要我给他买一台电子琴，以便在家里也能练习。我当时没有答应他，一方面觉得价格有点儿贵，他也未必是真的喜欢，怕到时候买了他又不练了；另一方面也不是很愿意让他在这些兴趣爱好方面花费太多时间和精力。但是他一直坚持着，中班的时候他接着选择了电子琴的学习班。老师还特别告诉我说果果乐感好，手指也很灵活，可以好好培养这方面的特长。不过我没怎么在意，觉得男孩子最好还是好好学习功课。我希望果果以后好好学习，走平常人的路线，最好是学习理工科，能从事科学研究工作，像他爸爸那样就很好。

有一天下午我去接他放学，他老远看到我就飞奔过来，兴奋地跟我说："妈妈，妈妈，我会弹《洋娃娃和小熊跳舞》啦！老师还表扬我了呢！"我很不以为然（我不懂弹琴，后来才知道为了弹这首曲子，他们学习了6节课），还想趁机教育一下他。我说："电子琴只是一种兴趣爱好，你要是把这种热情用在学英语上，老师教的单词就全都认识了！"果果听了默不作声，原来的兴奋劲儿全没了。我拉着他往家走，一路上给他灌输我的“人才观”。

到了大班的时候，我帮果果选择了书法才艺班，他也没有继续学习电子琴。

后来我在网络上看到一个网友的经历：“女儿有一天兴高采烈地对我说，她今天跳绳跳了100多下，结果我表情僵硬地‘哦’了一声，没有任何态度。孩子失望至极，对跳绳失去了兴趣。”我想起曾经仰着幸福的笑脸跟我说会弹《洋娃娃和小熊跳舞》的果果，也许就是我的不以为然，让他还没来得及做钢琴家的梦，就对弹琴失去了信心和兴趣。

反思：小孩的快乐大人永远不懂

虽然每个大人都曾经是孩子，但很多大人都已经不记得自己当孩子时的心情了。所以当自己有了孩子后，在了解孩子方面还是有些困难。我就是这些大人中的一个。

在成人眼里，弹一首曲子，跳多少下绳，这些简直就是鸡毛蒜皮的小事。可是在孩子的眼里，这些就是巨大的成功，是值得高兴和庆祝的事情。如果我们做父母的对此不当回事，势必打击了孩子的兴奋情绪，削减了孩子对快乐的体验，不利于孩子建立自信心。

一个人最大的开心，不是在遇到让他开心的事情的时候，而是在他开心的时候有人响应自己，那么他的开心就有了更强烈的延续。当孩子因为自己的进步而开心的时候，你若表现出和他一起分享这种快乐的姿态，那么孩子就会因为感受到你的这种快乐，而受到更大的激励，进而激发他更大的前进动力。

因此，当孩子兴致勃勃地把自己获得的成绩告诉我们的时候，不管那个成绩在我们看来是多么微不足道，我们也千万不要流露出麻木或者不以为然的表情，那样会残酷地削减孩子的快乐体验。而是要做出和孩子同乐的样子，分享孩子成功的喜悦。

学会了解并喜欢他的朋友

把孩子的朋友当作自己的朋友，那么孩子也会把你当成最好的朋友。

为果果办个聚会

在我反思自己不知道果果有几个好朋友之后，我决定要用实际行动来改变自己，做个贴心的好妈妈。因此，我决定在果果6岁生日的时候，邀请他的好朋友来家里庆祝。果果曾受到过邀请去参加朋友的生日聚会，也希望我给他办个聚会。但是我觉得这件事情很麻烦，再说了，小孩子的生日用不着办得那么隆重。不过这次，就当是趁机了解一下果果的朋友圈吧！

果果听了我的决定，显得非常高兴，开始计划要请哪些小朋友。经过他仔细权衡，决定请7个小朋友，其中两个是以前幼儿园时的同学，两个是邻居家小孩，还有3个是现在班上的同学。看样子这几个是他认定的最好的几个朋友了。

果果生日是在周三，所以聚会时间就定在生日那周的周六中午，地点我们选择在家里，因为只想办一个简单的聚会。果果还跟我建议说要和哲哲的生日聚会一样，吃蛋糕、小布丁、薯条、冰淇淋……那么吃的就采用西式的，也较为省事。

至于朋友们会不会送礼物，果果很有自信，他说："都会送，他们生日我也都送礼物了！"这个我有印象，他曾经向我要钱给朋友买礼物，也曾经自己做贺卡说要送给朋友当礼物。

这样定下来后，通知朋友的事情就交给果果亲自去办。他积极地给朋友们打电话，邀请他们。几个孩子都住得不远，让爸妈送或者自己走过来都是可以的。其他的准备就只有我和果果爸来做。不过也不怎么费事，基本都可以买到。生日蛋糕是必备的，还有果果想到的其他要吃的东西也要买齐。为了活跃气氛，我们还买了五颜六色的气球以及彩带装饰屋子。

果果的生日聚会在他的期待中如期举行，我借此机会也认识了他的好朋友们。他们都和果果一样，调皮又可爱，但也很懂事。小孩子们一起打打闹闹玩了三四个小时才依依不舍地分开各自回家。果果收到了朋友们的礼物，显得很高兴。等朋友们都走了，我开始收拾屋子的时候，果果还主动帮我倒垃圾。他是要用行动对我表示感谢。

看来，请小朋友来家里并不像之前想的那么可怕。

和他聊聊朋友们的事

自从认识了果果的朋友们之后，我们就增添了很多话题。我有时候想起来就会问他那些朋友的情况；果果也经常主动和我说起他和朋友们之间的事情，比如谁和同学打架被老师罚站了，谁考试又得第一了。以前果果也和我说学校的事，但说的通常都是他认为的当天的新闻，还有和他直接相关的一些事，现在加上这个“特例”，使我对孩子们的当下状况有了一些了解，也让我对果果的交友圈有了一个全面的认识。

通过一段时间的观察，我发现果果的这几个好朋友还真是各有特色，有成绩很好的，也有成绩一般但是人缘特好的，还有特别调皮爱和同学打架的，我不得不佩服，果果的接纳能力真是很强，能和各式各样的同学交朋友。

但是我有时候也会担心，爱打架的朋友会不会把果果带坏？我告诫果果不要向爱打架的朋友学习，果果很不屑地说：“不会的，老师说我们都要帮助他改掉这个坏习惯。我是他的朋友，更要帮助他。”

我想起幼儿园的时候我们制订的交友准则，觉得自己挺自私、挺狭隘的。不仅如此，我对孩子还缺乏信心，不相信他的社交能力。人的一生终会结交很多的朋友，比如我之前要求的，他只能和班上功课好、品德好、个性好的孩子交朋友，那么在他社会交往的最初阶段，他就错过了和更多各有特色的同龄人深入交流的机会，也许就交不到真正的朋友了，那该是多么大的损失啊！

我又想起给他办的生日聚会。其实现在的孩子们大部分都被教育得很不错，我原来总认为孩子到别人家就会乱翻东西、搞破坏，那真是一种刻板印象，我对孩子们的认识还停留在他们两三岁的时候。

认识和了解果果的朋友，使我喜欢上了这些孩子，也让我重新感受到了孩提时代友情的温馨和可贵。虽然从我的经验来看，再过若干年，他们可能会天各一方，甚至可能会再无联系，但我还是对他们充满了感激，正是有他们的陪伴，我的果果才能快乐地享受童年，才能体会到和朋友们在一起的美好时光。等他长大之后再回忆小的时候，想起妈妈为他准备的生日聚会，心里一定会充满温暖。

帮助孩子发展自己的兴趣爱好

兴趣是最好的老师，父母应该发掘并发展他的兴趣和特长。

从果果的失败经验说起

我之前说过果果在幼儿园时弹电子琴的经历，现在回想起来我多少有些后悔。他当时那么喜欢弹琴，如果再给我一次机会，我一定给他买一台电子琴，不，我会给他买一台钢琴，让他天天快乐地练习。即使他练习一阵子不喜欢了也不要紧，到时候再卖掉，至少我没有什么遗憾了。

但是他后来不怎么喜欢弹琴了，可能是因为之前的兴趣只是一时的好奇，也可能是刚刚萌芽的兴趣没有及时得到强化，他没有获得更多的乐趣。总之，后来再没有听他说起想要弹琴之类的话。

幼儿园大班的时候我给他报了书法班，因为我觉得他太调皮好动了，学习书法可以让他性子安静一些。没想到“江山易改、本性难移”，练习书法没有让他变得更安静，反而让他和我起了对抗的心态——练习了一段时间，就不愿意再去了，我只有作罢。

后来，我也想给他报其他的才艺班，但是可供选择的基本就是英语、舞蹈、心算、钢琴、绘画之类的。有的是我觉得不适合男孩子，有的是果果不愿意去。时至今日，果果的兴趣还没有得到系统性的培养。

俗话说“兴趣是最好的老师”，我还是希望果果能对某个方面特别感兴趣，不用我督促他就能快快乐乐地去钻研、去学习，并体会到学习的乐趣。将来长大了也可以以此为职业，那是多么幸福啊！即使不以此为职业，有个业余爱好，人生也会充满更多乐趣。

兴趣可以和前途无关

孩子小的时候往往不会明确地知道自己感兴趣的是什么，这时父母的作用就显现出来了。现在的父母对培养孩子兴趣具有极大的热情，幼儿园开学的时候，才艺班咨询的家长都会把门挤爆。周末和假日家长们也会牺牲休息时间，带着孩子奔走于各个才艺班之间。家长们乐此不疲，但有时候孩子却是兴趣索然。

我们楼上的邻居家晨晨才3岁，她妈妈就给她报了钢琴班、舞蹈班和英语班，她妈妈告诉我说怎么也不能让孩子输在起跑线上。有一次，我在电梯里碰到正要去钢琴班的晨晨和她妈妈，我问晨晨：“晨晨，你喜欢弹琴吗？”她一脸茫然地说：“不知道，是妈妈让我学的，问妈妈吧！”弄得晨晨妈还有点儿不好意思的样子，对我说：“小孩子哪里知道喜欢不喜欢，学的时间一长，就喜欢上了。”

像晨晨妈这样的家长还真是不少。似乎说起培养孩子的兴趣，就一定是文艺、学习，都是直接或间接地与前途有关的内容。如果孩子真的对这些有兴趣当然最好，如果孩子根本不感兴趣，那就是时间和金钱的双重浪费，还会引起孩子的厌学情绪。

其实，我们做父母的也没有必要这么功利。培养孩子的兴趣与爱好不要希望借此能考试加分，能进好的学校。能达到这种程度当然好，如果不能做到这样也没关系。孩子有个感兴趣的事情，生活就会充满很多乐趣，某些方面的潜能就能得到开发，对他的成长是有用的，这不就足够了吗?

孩子的兴趣与爱好，来自好奇心和求知欲，不能强制，而应因势利导，促进发展。家长可根据孩子的兴趣倾向，送孩子参加才艺或运动专门的训练班，使孩子学有所长。孩子喜欢参加的活动，就鼓励他坚持下去，从中还可以培养孩子的韧劲和耐力，这样才能保障孩子的个性得到充分发展。

第3章

接纳孩子，给孩子恰当的爱

适合孩子的爱是多少度

给孩子的爱也要适度，太多就成了溺爱，太少会变成苛责。把握好这个尺度是父母应该掌握的一种技巧。

严苛的爱让孩子误会我不爱他

因为深知溺爱孩子会给他带来很多不良影响，我一直都在避免对果果的溺爱。在各个方面，我对他的要求都是比较严格的。比如教育他对人要有礼貌，要多帮家里做一些力所能及的家务，学习要认真，成绩要优秀，生活上要节约……但严格要求的时候，可能是我没有把握好尺度，让果果觉得我和一些小朋友的妈妈不一样，觉得我对他不够好。

某天早上吃早餐的时候，果果对我为他准备的牛奶、切片面包和鸡蛋皱起了眉头，说：“妈妈，我不要吃这些，我想到外面吃。”

我没有答应，说：“不可以，妈妈都准备好了，再说小朋友不能挑食的，乖乖吃吧！”

果果坚持说：“不要，我想到外面吃。小优和她妈妈每天都到外面吃。”

我一听就火了，对他说：“小优是小优，你是你。现在你有两个选择，一是吃妈妈准备的早餐；二是不吃，你选择哪个？”

果果很倔强地说：“那我不吃。”

我说：“好，那妈妈自己吃了。”于是我先把自己的那份吃了。

果果看着我没说话。我再问一遍：“你吃不吃？”他摇摇头。当我把他的那份收起来时，他就不高兴了。

我叫他把衣服穿起来要去幼儿园了，他趴在那里不动。我再叫他穿衣服，他突然哭了，边哭边说：“我要牛奶和鸡蛋。”

我说：“是你自己选择不吃的，现在想吃也没有了。”

果果哭得更伤心了，还说：“妈妈坏，妈妈不爱我了……”我一听这话，不禁也伤心了。难道是我做得太过分，居然让他觉得我不爱他了？其实去外面吃一顿早餐也是可以的。果果曾经说有的小朋友每天都有好多零用钱，总是买很多零食吃。可是我对他的零用钱是严格限制的，零食也很少让他吃。为什么连去外面吃一次早餐我也不答应他呢？

但是如果我轻易答应他，他以后是不是就会得寸进尺，妈妈准备好的早餐他也不懂得珍惜？

我困惑了。

“关怀强迫症”

第一次听说“关怀强迫症”这个名词，是一个好朋友跟我抱怨教育孩子很辛苦的时候。她告诉我自己每天的日程安排，说每天除了上班，其他的时间都给了孩子，为他准备上学的物品，陪他吃早餐，送他去学校，然后自己去上班；下班之后要接孩子回家，为他辅导功课，为他规定额外的作业并检查，睡觉之前还要给他读故事书。万一孩子头痛发热那就更麻烦。

时间是一回事，关键是整个心思都花在孩子身上了，感觉都失去自我了。其实这些事情她如果不做，家人也会做。但是如果她不亲自去做就会觉得很不安，别人做的她也不放心。朋友笑称自己得了“关怀强迫症”。

她说的这些我也有同感，就特意上网查了一下“关怀强迫症”这个之前没有听说过的名词。

所谓“关怀强迫症”，即一个人特别需要别人依赖自己，总是爱向别人提供不需要的关怀。并且强迫别人接受自己的关怀，进而使别人不能独立。当别人依赖自己的时候，他就会感到满足，感到自己有价值。

“关怀强迫症”大多发生在独生子女父母身上。他们对孩子无微不至的关心到了过度的程度，让孩子不能自由成长、充分成长，形成了孩子个性、能力、习惯上的种种缺陷，造成孩子心理畸形——自私、反叛、低能，这些孩子长大后没有独立的人格、独立的思想，将来在社会上生存十分困难。父母过度的爱反而害了孩子。

与这个解释相关的还有很多案例。主要还是讲很多父母只知道爱孩子，却不知道用正确的方式爱孩子。他们把自己过剩的、泛滥的爱无节制、无原则地强加到孩子身上，全然不顾孩子的心理感受，更不考虑这种做法的副作用，给孩子的健康成长埋下危机。

反思：为什么我们总是把握不好尺度?

父母爱孩子是一种本能，如何正确表达却是需要学习的。正如高尔基说的：“爱孩子，那是母鸡都会做的事，如何教育孩子才是一件大事。”如果父母的爱不能让孩子感到被爱的幸福，也不能从中得到成长的能量，甚至感到反感和压抑，那么这种爱就不是良性的爱了。如果父母的爱不能让孩子获益，反而成为孩子滋生不良品行的温床，那这种爱其实就是一种伤害。

当我们给予孩子太多关怀、太多呵护的时候，就容易导致对孩子的溺爱；但是当我们为了避免溺爱而刻意对孩子严厉的时候，又很容易让孩子感受不到蕴含其中的关爱，反而觉得父母太过严苛，而淡漠了亲子关系。如何表达爱，才最适合孩子的健康成长，如何理性地爱孩子，这是值得每个父母好好去钻研的学问。

妈妈应该做什么呢？肯定不是专门批评孩子，挑孩子毛病，和孩子作对，也绝对不仅仅是生下孩子，给孩子吃饱穿暖，给孩子钱花。想要做一个好妈妈，让我们从发现自身真正的价值开始吧！

找到最适合孩子的教育方法

在物质极度丰富的今天，给孩子提供足够的精神食粮显得尤为重要。

故事的妙用

我有一个好朋友是大家公认的贤妻良母，对人非常和气，对孩子也很少大声说话。我们一起聚会的时候，大家都会因为孩子不听话到处乱跑而气急败坏。她却从不这样，总是轻声细语的。她儿子也很配合，虽然调皮，但从不捣乱。我们都说她教子有方。

有一次，大家在一起吃饭的时候，她说要给我们传授一个轻松教育孩子的好方法，称之为“故事法”。我们迫不及待地向她请教，大概没有对此不感兴趣的妈妈吧！

朋友所说的故事法，就是运用孩子对故事感兴趣的特点，把讲故事融入教育孩子的细节中。她儿子不到1岁时，就特别喜欢听故事。起初，她给儿子讲些短短的、小动物的故事，儿子听得津津有味。偶然中她发现，讲故事还能发挥很好的教育作用，比如，当儿子不愿意喝牛奶时，她便编一个故事："玲玲喝牛奶喝得好，公园的管理员大叔让她到蹦蹦床上玩；乐乐不愿意喝牛奶，叔叔不让他去玩，还说，只有好好喝奶的孩子才能玩蹦蹦床……"听了"故事"，儿子就会端起杯子大口大口地喝牛奶。类似的小故事常常能收到立竿见影的效果。

发现了故事的妙用，朋友便经常用于生活之中。比如，儿子玩得满头大汗、兴奋不已时，自己喊破嗓子也无法让他安静下来。这时候只要说"宝贝，过来，妈妈给你讲故事"。儿子就会乖乖地跑过来听故事了。再比如，儿子有段时间老尿床，他自己为此很难为情，于是，朋友给儿子讲了一个小松鼠尿床的故事。在故事中，朋友告诉儿子，小朋友都会尿床的，当他们长大以后，就不会尿床了。孩子听了故事就不难为情了。

就这样，通过讲故事，朋友教会孩子很多知识。由于孩子对听故事感兴趣，当妈妈讲故事时，孩子的注意力特别集中，对故事中的道理接受得也很快。在听故事的过程中，孩子会逐渐学会明是非、辨美丑、懂事理、讲礼貌。

不仅如此，孩子还把自己听来的故事说给同学们听，自己的表达能力得到了很好的训练，还被同学封为“故事大王”。

大家听了这个“故事法”，都觉得很好。不过有人说我家孩子就是不喜欢听故事，那就无法用这个方法了。朋友笑了笑说：“我只是举个例子，每个孩子不一样，当妈妈的最了解自己的孩子，也最能发现适合自家孩子的好方法。”

我听了朋友一席话，对她很佩服，怪不得她把孩子教得那么好，看来天底下的事，只要用心，没有做不好的。

适合的才是最好的

朋友的“故事法”让我对自己的教育方式进行了反思，的确，我似乎一直关注着教育结果，而对教育方式本身缺乏思考。

什么样的教育方式才是最好的呢？我想应该从教育这种活动的基本要素说起。教育包括教育者、受教育者和教育影响。很显然，教育者要把教育影响施加在受教育者身上，希望受教育者在自己的教育影响下发生预期的变化。那么，最好的教育方式就应该是和受教育者搭配度最好的那种。

教育学的研究显示，现实中个体的差异，是一切教育的起点和基础。要知道孩子最适合哪种方式，就要基于妈妈平时对孩子的细心观察。从幼儿时期开始，妈妈通过对孩子的仔细观察，就会发现孩子独特的个性，比如，有的妈妈发现孩子在学习时必须看过才能记住；有的妈妈发现孩子不爱看书，但是听别人解释后就容易理解；有的妈妈发现孩子喜欢自己动手，遇到问题必须亲自动手实际操作和体验才能理解，这些都是孩子的个性特征，也是孩子习惯的学习方式。在了解孩子的学习方式之后，妈妈们就可以有的放矢地调整自己的教育方法了。

我有意识地试验了一次，效果果然很好。果果之前不喜欢刷牙。每天早上和晚上我们都要为此跟他费很多口舌。为了改变这个不好的习惯，我仔细想了想，果果不是最听班主任李老师的话吗？于是我联系了李老师，跟他说了一下果果的情况，建议他在班上举办一个“保护牙齿”的教育活动，告诉孩子们刷牙的重要性。李老师欣然答应了。果然，周一晚上睡觉前果果就自己去刷牙了。他还跟我说：“李老师今天说了，要想牙齿里面不长小虫子，就要早晚都认真刷牙。”

看来，用对方法真是事半功倍！

爱他就要信任他

如果我们一直相信孩子能做好，他就真的能做好。

希望和相信的差别

很多妈妈可能和我一样，在和孩子说话的时候，会说很多希望他怎么做，如果不这么做会怎么样之类的话。“要好好吃饭，不然就长不高了！”“要早点儿睡觉，不然会变笨哦！”“要好好听老师的话，这样老师才会喜欢你。”“过马路的时候要拉着妈妈的手，不然就会被汽车带走的。”……仔细回味一下，是不是全是命令的口吻？是不是透着那么点儿不信任？因为知道他不会主动那么做，所以才要命令，才会恐吓，“要不然就会……”

对于还不怎么懂事的孩子来说，告诉他妈妈希望他怎么做，确实很有必要。但是要想把妈妈的期望变成孩子的主动行为，与其说“妈妈希望你……”不如说“妈妈相信你会……”无数事实证明，妈妈的信任能激发出孩子的巨大潜力。下面我们来看一个妈妈的故事：

第一次参加家长会，幼儿园的老师说：“你的儿子有多动症，在椅子上连3分钟都坐不住，你最好带他去医院看一看。”回家的路上，儿子问她老师都说了些什么，她鼻子一酸，差点流下泪来。因为全班30位小朋友，唯有对他，老师表现出不屑。然而她还是告诉儿子：“老师表扬你了，说宝宝原来在椅子上坐不了1分钟，现在能坐3分钟。其他妈妈都非常羡慕，因为全班只有宝宝进步了。”那天晚上，她儿子破天荒地吃了两碗饭，并且没有让她喂。

儿子上小学了。家长会上，老师说：“这次数学考试，全班50名同学，你儿子排在第50名，我们怀疑他智力上有些障碍，你最好能带他去医院检查检查。”回去的路上，她流下了泪。然而，当她回到家里，却对坐在桌前的儿子说：“老师对你充满信心。他说了，你不是个笨孩子，只要能细心些，就会超过你的同桌，这次你的同桌排在第21名。”说这话时，她发现儿子黯淡的眼神一下子亮起来。她甚至发现，儿子温顺得让她吃惊，好像长大了许多。第二天上学，去得比平时都要早。

孩子上了初中，在又一次家长会上，她坐在儿子的座位上，等着老师点她儿子的名字，因为每次家长会，她儿子的名字在差等生的行列中总是被点到。然而，这次却出乎她的预料——直到结束，都没有听到。她有些不习惯，临别时去问老师，老师告诉她："依你儿子现在的成绩，考知名高中有点儿困难。"她怀着惊喜的心情走出校门，此时她发现儿子在等她。路上她搭着儿子的肩膀，心里有一种说不出的甜蜜。她告诉儿子："班主任对你非常满意，他说了，只要你努力，很有希望考上知名高中。"

高中毕业了。第一批大学录取通知书下达时，学校打电话让她儿子去一趟。她有一种预感，儿子是被知名大学录取了，因为在报考时，她对儿子说过，她相信他能考取这所大学。儿子从学校回来，把一封印有知名大学招生办公室的信件交到妈妈的手里，突然转身跑到自己的房间里大哭起来。他边哭边说："妈妈，我知道我不是个聪明的孩子，可是，这个世界上只有你能欣赏我……"这时，妈妈悲喜交加，再也按捺不住十几年来积聚在心中的泪水，任它打在手中的信封上。

看完这个故事我很惭愧，相比之下，我对果果真的是缺乏信任。只要老师向我说他有什么缺点，我一定会责备他；只要他想做什么事情，我总是觉得他做不好，不敢放手让他去做；只要有机会，我总是会孜孜不倦地告诉他要怎么样。结果呢，他该错还是错，反正不出我的意料——早知道他做不好。

看了这个故事，我想真的应该试着去信任孩子，告诉他妈妈相信他会好好吃饭、好好睡觉，相信他会是一个聪明好学的孩子。

教育中的“皮格马利翁效应”

“皮格马利翁效应”，也称“期待效应”，是指人在被寄予更高的期望以后，会表现更好的一种现象。它产生于美国著名心理学家罗森塔尔的一次有名的实验。

在罗森塔尔的实验中，他和助手来到一所学校，先对学生进行一次名为“预测未来发展的测验”，实为智力测验。然后，在这些班级中随机抽取约20%的学生，将这些学生的名单交到教师手中，告诉他们这些学生是经过测试选出来的“在未来最具发展潜力的一批学生”。

8个月后，他们又进行了第二次智力测验。结果发现，之前被随机选出的那些学生，比其他学生在智商上有了明显的提高。这一倾向，在小学低年级学生身上表现更为明显，在智商为中等的学生身上表现得尤为显著。而且，从教师所做的行为和个性的鉴定中可知，被寄予更高期望的学生表现出适应能力更好、求知欲更强、智力更活跃等倾向。

到底是什么导致了这些变化呢？罗森塔尔等人经过研究，发现是教师的期望改变了学生的表现。显然，是罗森塔尔等人选出的学生名单对教师产生了暗示，左右了教师对这些学生能力的评价；而教师又将自己的这一心理活动通过情绪、语言和行为传递给了学生，使他们强烈地感受到来自教师的爱和期望，变得更加自尊、自信和自强，进而使各方面得到了异乎寻常的进步。教师的期望会传递给被期望的学生并产生鼓励效应，使其朝着教师期望的方向变化。

用在家庭教育中，“皮格马利翁效应”告诉我们，作为父母，要想孩子表现好，我们首先要相信他能表现好。一些教育专家在家庭调查中发现，子女对父母有特殊的信任，他们往往把父母看成自己学习上的启蒙老师、德行上的榜样、生活上的参谋、感情上的挚友。他们也特别希望得到父母的信任，像朋友一样和父母平等地交流。

他们认为，只有父母的信任，才是真实、可靠的。父母的信任意味着压力、重视和鼓励，这是真正触动他们心灵的动力。父母如果能从对孩子的信任出发，就能培养孩子的积极性，让孩子在别人的鼓励和信任中不断地进步。

爱孩子就要爱他的全部

对孩子最好的爱，其实是悦纳。

做了妈妈才明白的事

果果小的时候白白胖胖的，谁见他都会夸他可爱，甚至要抱抱他、亲亲他。每当还没有孩子的朋友羡慕地对我说："你家宝宝太可爱了，以后我要是也有个这样的宝宝多好！"我总是会回答："会有的，会有个更可爱的呢！"其实我心里想的是："等有了之后你就会明白，宝宝除了可爱，还有可恨！"

当然，可爱是大部分时候的表现，可恨是少数时候的表现。可恨的时候，他淘气，把家里搞得一团糟，不听话，不让他动的东西一定要去动，不让他去的地方一定要去，不满足他无理要求的时候，他撒泼也耍赖……真是恨得我牙痒痒。于是会打他、会骂他、会罚他，希望他改掉一切我眼中的坏毛病，变成我想象中的那个完美孩子。

就好像很多女人结婚之后想改变丈夫一样，有了孩子之后，很多妈妈也想改变自己的孩子。事实证明，结果都是一样的：不仅不会改造成功，还会造成双方之间的冲突。

“完美孩子”情结让我不断试图改造果果。为了让他安静一些，我让他去学习书法，结果学了一段时间遭到他的反抗，不愿意继续学了；为了让他爱上午睡，我把他按在床上，守着他让他睡觉，结果他以哭闹来进行反抗；为了让他改掉破坏玩具的“毛病”，我把他所有的玩具都锁起来，不让他玩，结果他抢了别人的玩具……

经过很多次失败的尝试，我反思自己的行为。最后明白了虽然孩子可塑性很强，在很多方面可以接受我们的改造，但他永远也变不成我们心目中那个理想的孩子。

即便这样，孩子还是时刻牵动着我们的心。因为我们是爱他的，所以心情总是随着孩子的表现而起伏。当他表现得符合我们期望的时候，我们对他和颜悦色、赞赏有加；一旦他的表现偏离了我们的期望，我们忍不住对他恶语相向、心灰意冷。以至于孩子们觉得妈妈只爱那个有优点的自己，讨厌有缺点的自己，于是孩子会恐慌、害怕偏离妈妈的期望。一旦他觉得自己偏离了妈妈的期望，他可能会自责、逃避，甚至会因为自责而自我伤害。

每个孩子都有自己独特的个性，有的孩子天生活泼好动，有的孩子天生不爱说话，有的孩子天生小心谨慎显得比较胆小，有的孩子大大咧咧容易粗心大意，可能孩子的个性中有我们不喜欢的成分，但那是很难改变的。我们能做的就是悦纳。

悦纳，就是愉悦地接受。这是一个心理学术语，常用于“悦纳自我”，本来指人的心理健康有一个重要的指标，那就是接受自我，既要看到自己的优势，又要了解自身的弱点，继而客观、全面、愉快地接受自我。而“悦纳孩子”，就是要求家长看到孩子的优点，又要正视孩子的缺点，继而全面、客观、愉快地接受孩子，并给予孩子科学的指导。

悦纳孩子是妈妈对孩子无条件爱的一部分，它会使孩子知道即使他是与众不同的，即使他不是你所期望的样子，你也会把全部的爱给他，接纳他。

纵容不是爱

悦纳不同于纵容，而纵容，不是爱。

纵容孩子的妈妈对自己孩子的优点总是赞不绝口，到处向别人夸耀自己的孩子是多么好，似乎想让全世界都知道自己有个多么优秀的孩子；但对孩子的缺点，却视而不见、充耳不闻，听之任之，当别人指出孩子的缺点时，他们还替孩子找借口，遮遮掩掩，或者还把孩子的缺点当成优点加以表扬。

这样做事实上就是助长孩子的缺点、错误和过失，使孩子更加有恃无恐，久而久之，就会使孩子形成骄傲自大的心理，有了错误也意识不到，意识到了也不当一回事，最终在错误的道路上越走越远。父母满以为是在爱孩子，最终成了害孩子。

悦纳孩子的妈妈知道自己孩子的优点和缺点，知道赞扬孩子的优点，同时也不回避孩子的缺点，勇敢地接受孩子的缺点、不足或缺陷。接受缺点是孩子的一部分，不苛求孩子完美；宽容孩子的错误，帮助孩子克服自己的不足，相信孩子能不断完善自我，不断进步。在这样的妈妈面前，孩子总会找到自信、找对自我。

分数真有那么重要吗

分数只能代表孩子在某一方面的能力，并不是全部。分数至上的观念只会让我们片面地看待孩子，忽视孩子人格的全面发展。

我为孩子没考好生气了

自从果果上小学后，我每天的生活就更忙碌了，除了上班，其他时间都奉献给果果了。早上起来送他上学，下班回到家吃完晚饭就要陪他写作业。有时候除了老师规定的作业，我还会额外给他加一点儿。在我的教导下，果果也知道小学和幼儿园是不一样的，在幼儿园会玩的小朋友最受欢迎，到了小学成绩好的小朋友才最受欢迎。

我还给果果订了目标，每次考试必须95分以上。因为以我当年上小学时候的经验来看，只要稍微认真一些，考满分都不是多难的事情。

对待学习，我觉得果果表现得还算认真，可是我总觉得他没有完全投入。因为考试的分数总是不理想。几回考试下来，我发现他总是容易粗心，有时很简单的题目都会做错，有时候还会漏题。我想这孩子还是需要进一步加强教育。

一次测验成绩出来了，果果拿着考卷找我签字。这孩子又让我有点儿失望，这次语文测验89分，而上一次是85分。上次我很平淡，想着给他一次机会，希望他能改掉坏毛病。没有想到的是，居然还是老问题，一些在平时复习中做对的题目还是做错了，而最让我生气的就是居然有5个题都是空白的，没有做，这5个题占了9分。

我问果果："这是因为时间不够用，还是不会做，或是真的忘了？"果果看我态度很严肃，显然知道我生气了，小心地告诉我忘记做了，还说："对不起，妈妈，我这次又没考好。"

我又问："有多少同学得了满分？""有4个同学得了100分。"果果低着头说。

我一听就火了，罚他把做错的和没做的题目重新抄5遍，还罚他一周不准看电视。果果眼里含着泪，慢吞吞走回自己房间写作业。

成绩好又能保证什么呢

果果成绩不符合我的期望让我有点儿郁闷。在他罚写的时候，我给闺蜜美琪打电话诉苦。

美琪家宝宝已经上小学三年级了，我觉得在很多教育孩子的问题上，她会有丰富的经验传授给我。

听了我的抱怨，美琪在电话那头笑。她感慨："看来我们当年的教育学都白学了，学那么多理论就是没办法指导好我们自己的孩子。"我也苦笑："什么事情都是说起来容易做起来难。"美琪开导我："关心孩子的学习没有错。但是孩子还小，考试分数也说明不了什么，不要太紧张，只要他健康快乐就好了！"

她又打趣地说："现在人都说了，成绩好的孩子以后当学者，成绩中等的当官，成绩差的当老板。条条道路通罗马，我们的孩子当不了学者，可以做老板；做不了老板，可以做一个合格的员工。这世上能做学者、能当官、能当老板的人毕竟只是少数，绝大多数人都只能过普通人的生活，那么我们至少应该做一个快乐的人！既然这样，我们何必还要为了孩子没考好而大为光火呢？成绩好到时就能考个好大学，成绩不好到时就考不了好大学。但考上好大学又如何？你仔细回想一下，当年成绩好的同学难道都比成绩差的同学过得好吗？我们的朋友里、同事里是好大学出来的，就一定比差大学出来的过得好吗？"

结束了和美琪的通话，我心里颇有感触，同时也豁然开朗起来。

反思：其实孩子也想考个好成绩

我们处在这样一个社会环境中，不关心孩子成绩的父母恐怕少之又少。我一直以为，孩子的成绩关系到太多的事情，甚至可以毫不夸张地说，关系到孩子的一生。所以，果果考试没考好我就焦虑，一焦虑我就容易生气，就会责备他、惩罚他。

当我站在果果的角度来看这个问题的时候，我发觉，我们的孩子其实很可怜。他还小，可能还不明白每次考试的分数与他的未来有什么关系，只知道分数高爸爸妈妈就高兴，分数低就要挨骂甚至挨打。为了爸爸妈妈高兴，为了得到爸爸妈妈许诺的奖励，为了避免打骂，他们尽力去学习，去考出好的成绩。因此，当他没考好的时候，果果会跟我说对不起。

但是从科学的角度来看，每个人的性格特点、兴趣爱好、生活环境都不一样，对知识的理解角度、深度、广度和记忆水平也会表现出一定的差异。简单的一份试卷只能表现他们在一定阶段对某一部分知识的掌握程度，并不能说明他们的综合能力，更不能测验出他们的智力水平。

孩子也想考好，当发现自己分数没有达到爸爸妈妈订立的目标时，肯定也会难过，会自责，甚至会充满恐惧，因为害怕受到惩罚。如果这时候，遇到一个像我这样的妈妈，对他严厉责罚一番，那么每次考试都意味着不愉快的经历，时间长了，孩子就会对学习和考试充满厌恶和排斥。如果孩子为了考个好分数，想办法作弊，这对他今后的学习和生活更是百害而无一益。

作为明智的父母，当孩子纠结于分数的时候，我们应该看得更高一点、更远一点，不要纠结于分数本身。应该做的是开导和鼓励孩子，帮助他分析问题，树立起信心，快快乐乐地学习。

接纳孩子的情绪是父母能做的最好的事

童年并不总是无忧无虑的，当孩子出现坏情绪时，对孩子的情绪和想法表示理解，是父母能做的最好的事情。

当果果跟我诉说他的伤心事时

很多人一提到童年，总认为是无忧无虑的。我也一直以为，对小孩子来说，每天最重要的事情就是吃好、喝好、玩好、睡好，所谓伤心难过，那就是自己的要求没有得到满足罢了。一旦需求得到满足，或者注意力转移到其他的事情上，很快他就会忘记刚才让自己伤心难过的事。

事实证明，我对孩子情绪的了解并没有随着他逐渐长大而与时俱进。

有一天，我去接果果，他一见到我眼泪就流下来了，把我吓一跳，以为他在学校受了什么大委屈。我赶紧问他怎么了，果果哭着说他想参加一群小朋友的游戏，但是小朋友们说人数都满了，不让他参加。哦，原来是这点儿小事，我一下子就放心了。我给他擦了泪，对他说："你都是小男子汉了，还哭啊！让别的小朋友看到了会笑话你的，快别哭了，跟妈妈回家吧！"听我这么说，果果不哭了，不过心情似乎还没有好起来。

类似这样的事情还有很多，我处理的方式也都大同小异，自己也从来没有觉得有什么不妥。

对待孩子坏情绪的3种反应

偶然在一本书上看到关于父母如何应对孩子坏情绪的文章，觉得受益匪浅。

这篇文章指出，面对孩子的坏情绪，父母通常会有3种反应：

◎**冷漠**

冷漠是指爸爸妈妈对孩子的情绪"缺乏反应，缺乏兴趣，缺少关心"。有这种反应的父母，常常是对孩子的处境缺乏足够的了解，不是由于工作太忙而无暇用心聆听孩子的倾诉，就是以大人的心态看待孩子的问题。

如果当孩子向你表达他的感受时，你毫无反应，或者表现得无所谓，说"这有什么大不了的"，甚至说些责骂的话，如"你怎么这么没用”之类的话，那么你就可以归为这一类父母了。当父母有这些表现的时候，孩子就会想：“爸爸妈妈一点儿都不关心我，他们不爱我。”

◎同情

同情与冷漠截然相反。同情往往是指爸爸妈妈对孩子的情绪和情感产生共鸣，为孩子的快乐而快乐，为孩子的忧愁而忧愁。如果当孩子向你表达他很伤心时，你也变得很伤心，同时跟孩子说“宝贝你真可怜”之类的话时，你就是属于这一类的父母了。可是，孩子真正需要的是爸爸妈妈提供给他们解决问题的方法，而不是一味地表现同情心。这样，孩子更会觉得自己可怜，而对解决问题没有什么信心。

◎共情

共情就是爸爸妈妈用自己的心灵和头脑去倾听孩子的心声，当你对孩子表现出共情时，他会知道你理解他的感受。爸爸妈妈能敏锐地察觉到孩子的痛苦、恐惧、失望、愤怒或沮丧，并且能够谅解，同时又能比较明智地为孩子提供鼓励和帮助。共情能很好地安抚孩子的情绪，并且能够有效地使孩子摆脱这种情绪的影响。

毫无疑问，3种常见的反应中，共情是最好的一种。共情的反应，有利于孩子的自我接受，有利于孩子对自己情绪控制能力的发展，更有利于孩子和父母之间建立一种亲密而互相信任的、健康的亲子关系。

而回想起我通常的反应，我居然属于冷漠型的！

反思：为什么我们也像孩子一样

每个孩子都会有一定的情绪状态，如恐惧、喜悦、悲哀、愤怒等。在孩子还小的时候，与人交往、沟通的经验尚浅，并且对自己产生的情绪认识不清，也不善于用语言表达自己的情绪，所以只好自己寻找方式来进行宣泄，比如哭闹、打人，甚至还会伤害自己。

每个人都希望别人在意自己的感受，即使再小的孩子也不例外。当我们向别人诉说自己的感受时，总希望得到对方的理解，希望对方能不加评判地接受我们的情绪。孩子其实也一样。可是很多父母都像我一样，没有认识到这一点，做出的反应和孩子的期望截然相反。

当孩子伤心的时候，我们觉得那样的小事，实在不值得伤心；当孩子愤怒的时候，我们比他更愤怒，动辄把他训斥一顿；当孩子恐惧的时候，我们甚至还会嘲笑他，说他是胆小鬼……我们的表现有时候也像孩子一样，不成熟，不受控制，不经过大脑的思考就表现出来。

当孩子从幼儿园回来，气愤地告诉妈妈："今天老师很凶很凶地责骂我，弄得大家都嘲笑我。"如果是我，可能立刻就急了，问：“你又做错什么了？”这样的反应会让孩子更加伤心。

好一些的做法是怎样的呢？聪明的妈妈会意识到，这时候的孩子最需要妈妈了解他的坏心情。妈妈可以说：“哦，那你当时一定尴尬极了。其实没关系，明天小朋友们都会忘记这件事情的。”这样一来，孩子就体会到妈妈是理解他的，而且会从被老师责骂和被同学笑话的坏心情中摆脱出来。

那么，当果果哭着说他想参加一群小朋友玩的游戏，但是小朋友们说人数都满了，不让他参加的时候，我应该换一种说法。我应该跟他说：“妈妈知道因为小朋友没有让你参加游戏，所以你有点儿伤心，不过那不是因为他们不喜欢你，是因为你去得有点儿晚了，明天他们肯定会邀请你一起玩游戏的。”这样的话，果果的心情可能很快就会好起来了。

这样的表现才像大人，才像充满爱心的妈妈！

缺点的背后是优点

只要引导得当，孩子的缺点就能变成优点。

为什么孩子的缺点那么多

相信很多妈妈都和我有一样的困惑：为什么我家孩子有这么多缺点呢?

一天中午吃饭的时候，同事刘姐跟我们聊起她家的孩子，说到激动处，简直义愤填膺。她说："你说他有多粗心，每次考试，都把会做的题目做错！读书也不主动，自己说好了制订学习计划，但没有一次能够完成！一点儿毅力都没有，坐不住，晚上回家读书，读不了一个小时，就要出来玩一会儿。你要是说他，他还表现出一副无所谓的样子！真是让我生气……"

刘姐的儿子上初中二年级了，学习成绩一般。刘姐经常为他的学习成绩烦恼，她说孩子明年就上初中三年级了，要是考不上好的高中，以后想上好大学就困难了。像刘姐这样的妈妈真的太多了。

我身边的朋友大部分都已经为人父母了，互相交流教子经验的时候，说孩子缺点的多，夸奖孩子优点的少。比如我，对于果果的缺点，马上就能数出十几条，太粗心、太调皮、贪玩、缺乏毅力、做事拖拖拉拉、脾气急躁……但是优点呢？我能说出来的似乎寥寥无几。有时候我很抓狂，不知道是自己教育孩子的方法不得当，还是自己的孩子不可教。但有时候和大家一交流，发现很多妈妈跟我有同样的困惑，相比之下，我家果果也不算是不可救药的。

难道，真有那么多满是缺点的孩子吗？

反思一：换个角度看孩子

“你的孩子是经过上天检验的‘合格产品’，甚至是‘精品’。如果他记忆力不集中、粗心、考试成绩不佳、沉迷于网络、不自信、人缘不好……那么，是孩子‘坏’在路上了。其实，这不是孩子‘坏’了，而是驾驶员有问题，你没有看懂孩子的说明书，没有学习好教育孩子的技术就上路了。”这是心理学专家周正教授在其著作《孩子的说明书》里说的一段话。那么面对满身是缺点的孩子，沮丧的妈妈们看到这段话可能会有一点启示。如果我们一时改变不了孩子，那么我们先改变一下自己的想法吧！

俗话说："金无足赤，人无完人。"辩证法告诉我们，矛盾是普遍存在的，一切事物都处于转化之中，在一定的条件下，矛盾的双方可以相互转化。不论从哪方面考虑，孩子的缺点可能并不像我们想的那么严重。

比如粗心，这可能是孩子们普遍存在的问题。严格说来并不算缺点，而是一个孩子做某些事情的时候表现出来的特点。就好像发热只是一种症状，并不是一种病。通常活泼开朗的孩子都比较容易粗心。比如说贪玩，其实贪玩是孩子的天性。比如调皮，这正说明孩子思维活跃、精力旺盛。这样一想，妈妈对孩子的评价真要提升一个层次了。

世界上没有十全十美的成年人，何况是正在成长的孩子。孩子身上所谓的优点和缺点是辩证的，表面是缺点，实质却包含着优点的潜能；今日的缺点，也许就是明日的优点。但这也不是说我们对孩子真正存在的问题视而不见，或者硬要把缺点当优点。那就变成了纵容而不是宽容了。而是说面对孩子的缺点，父母不仅要安慰孩子、鼓励孩子，帮助孩子树立信心，更要注意发现和培养孩子的优点，帮助孩子扬长避短来面对学习和生活。

反思二：由“别人家的孩子”想到的

某天，我们的妈妈群里有人传了这么一篇文章：

“茫茫宇宙中，有一种神奇的生物，这种生物不玩游戏，不聊微信，天天就知道读书，每次都是年级第一名。这种生物可以九门功课同时学，妈妈再也不用担心他的功课了……这种生物叫作别人家的孩子……这种生物考哈佛，上剑桥，能考硕士、博士、圣斗士，还能升级黄金、白金和水晶级，他不看星座，不看漫画，看到计算机就想骂娘……这种生物琴棋书画样样精通，甚至会刀枪剑戟斧钺钩叉，而我们只会吃喝拉撒；他是团员、党员、公务员，将来还可能知道地球为什么这么圆。这种生物长得好看，写字好看，成绩单也好看，……这种生物每天只花十块钱都觉得奢侈浪费和犯罪，这就是感动大家十大人物之一——别人家的孩子！”

据说这是当下流行的网络文章，反映了很多孩子的心声。我看了之后，不禁哑然失笑。在我们小的时候，是不是也曾经活在“别人家的孩子”的阴影之下？当我们为人父母了，却又制造出这样的“别人家的孩子”，让我们的孩子也生活在其阴影之下。

为人父母，总是对自己的孩子寄予了很高的期望，一旦孩子表现得有些不符合自己的预期，父母就容易急躁。同样一件事情，发生在别的孩子身上，可能会觉得没有什么，但是发生在自己孩子身上，问题就会被放大。甚至会把孩子在成长过程中所具有的特点当成了缺点。

但“别人家的孩子”在现实中是不存在的，他是家长们为了教育自己孩子而想当然塑造出来的完美孩子，他是综合了所有孩子优点的虚幻个体。所以，现实中任何一个孩子都不可能变成我们期望的“别人家的孩子”。

作为父母，我们还是对自己的孩子宽容一些吧！发现自己孩子的特点，用不同的标准来衡量他们，这样才能培养出优秀的孩子来。

不要期待“十项全能宝宝”

天底下不存在十全十美的人，所以我们没有理由要求孩子完美。

当小孩也很辛苦的

果果的姑姑是一名小学教师。有一次我们在一起聊天，我问她：“小学老师应该比较轻松吧！因为没有升学压力。”姑姑急忙摇头，说：“现在上小学可不像我们原来那样了，现在的孩子很辛苦，因为家长的要求都很高，所以我们老师压力也很大。要好好学习，要遵守纪律，要关爱他人，要讲究卫生。这些是最基本的。此外，要活泼、要开朗、要自信、要坚强，还要有特长，最好是钢琴能过十级，绘画能在全国获奖……总之，现在的家长真的很贪心。”我知道她的话有一点儿夸张，但也是实情。看看学生们沉甸甸的书包和假日背着乐器、画具之类奔走在路上的家长和孩子就知道了。

有一个同事，她女儿4岁开始学习小提琴，到现在7岁，听说水平已经相当了得，常常被邀请参加市内各种文化娱乐演出。由于才艺特长，她女儿去年被一所知名学校录取。上小学之后，这孩子不但学习很认真，练琴也没耽误。按说这种情况下，孩子的时间应该相当饱和了，但是今年初，同事又给孩子报了一个舞蹈班。她的意思是，女孩子小时候练练舞蹈，对身材和气质都是很有好处的。最近听同事抱怨了，说孩子真是没有舞蹈天分，很简单的动作都练不好。

我真是打心眼儿里羡慕这个孩子，也同情这个孩子。我羡慕她小小年纪就显露出众的才华，羡慕她有这么好的条件发挥自己的特长；但是也同情她小小年纪就要承受这么大的压力，在本应该轻松的年纪过得这么沉重。

同样是妈妈，我也很能理解这个同事的心情。做父母的希望自己的孩子优秀，希望他们能有一个美好的未来，所以不遗余力为孩子的发展创造更好的条件。孩子表现不好，希望孩子能表现好；孩子表现好了，希望更好！

但是我想，有时候妈妈们可能有点儿脱离实际了。正常情况下，一个人有擅长的方面也有不擅长的方面，而且精力是有限的，能做好一件事情就已经不容易，想把所有的事情都做好那几乎是不可能的。所以希望归希望，实际操作的过程中，还是要从实际出发比较好，这样不会给孩子造成不必要的负担，也不会给自己带来不必要的失望。

不求最好，只求更好

记得果果小的时候，我和他爸爸信誓旦旦，以后等他上学了，不管他成绩怎么样，只要他身心健康就好；长大之后不管他从事什么职业，只要合理合法，只要他自己愿意做就好。但是随着他慢慢长大，当初的美好愿望终于被现实的残酷击得粉碎。身心健康就好显然不符合时代发展的潮流了。看上去到处都是身心健康的孩子，所以怎么能不去管他成绩怎么样呢？到处都是会读书的孩子，没有一两项读书之外的本领，怎么能适应要求越来越高的社会呢？

我们只是最普通的父母，没有特立独行的勇气和魄力，所以在对孩子的要求方面，也常常随波逐流，想要他成绩好，想要他个性好，想要他能力强，想要他有特长。总之，希望他能是一个集所有同龄孩子优点于一身的孩子——虽然明知道不可能。于是经常对他表现出来的不足感到失望，对于他表现出来的优点希望他能更好，给他很多压力，也给我们自己很多压力。

我们自认为对孩子高标准、严要求是为了让他能有一个美好的未来。但我们想象中的美好未来无非是上知名高中、上知名大学、找高收入的稳定工作。结合我们这些年的人生阅历来看，这些其实只是我们想象中的美好生活。真正的生活是要他自己去过的，美好不美好也是他自己去体会的。如果我们现在连一个美好的童年都不能给他，那又有什么信心说我们是为了他将来的美好生活呢?

有一次和果果的爸爸闲聊的时候，我们都很感慨："当初想得多美好，现在怎么变成这样了呢？我们终究还是落入俗套！"

要想自己和孩子的处境都能更好一些，我想我是该换换想法了。孩子可以有自己擅长的方面，也可以有自己的不足，这种不足可能并不是通过努力就可以弥补的。所以我们要接受现实，不要苛求太多，只要他能保持积极向上的心态，能发挥自己的长处，能正视自己的不足并尽量去弥补，那不就可以了吗?

孩子也可以说“不”

当孩子对你提出的要求说“不”的时候，不要生气，那说明他已经有自己的想法了。

果果总说“不”

果果1岁多的时候，有段时间特别爱说“不”。例如我对他说：“多吃蔬菜身体好！”他就说：“多吃蔬菜身体不好！”我对他说：“来，妈妈给你讲故事。”他就说：“妈妈不给我讲故事！”我说：“果果真是个好孩子！”他就说：“果果不是好孩子！”本来他已经想上厕所了，如果你在这个时候问他要不要去，他肯定会说：“不要！我不要尿尿！”然后1分钟都没过就尿裤子……这种状况直到3岁左右才好一点。心理学上说，两岁左右是孩子人生中的第一个叛逆期，果然是这样。

那时候我摸索出规律了，知道他说“不”只是显示自己有自我意识了，并不是真的打定主意跟我作对。所以我有时候因势利导，在不想让他做什么事情的时候，我就故意跟他说让他去做，他果然就不去做了。有时候还觉得像跟他玩游戏一样，很有意思。

等到他慢慢长大，真的有了自己的主意，就有了越来越多的真正不听话的时候了。每当这时，我都有点儿抓狂。一来觉得自己的家长权威受到了挑战，二来感觉到果果不听我安排以至于很多事情都不在自己控制之中了。每当他跟我作对，我就会生气，说他不乖。

我们俩经常为了小事闹别扭。比如，果果有一件迷彩的吊带裤，他特别喜欢，穿在身上舍不得换下来，我让他换，他就是不换，我给他穿上别的衣服，他就反抗哭闹。我一生气，就给他两巴掌，他坐在地上哭，我也生气了，不理他。这时候必须得奶奶来安慰他，他才会停止哭闹。

我让他见到认识的人都要打招呼，但是有时候我们见到楼上的邻居阿姨，果果就是不和她打招呼，阿姨热情地和他搭讪，他也是爱理不理。我说果果不懂礼貌，他就说“我不喜欢那个人，她很凶”。曾经有一次，那个阿姨在小区里和别人吵架，被果果看到了。但不管怎么样，我还是觉得果果不应该因此就不和人家打招呼，让我很没面子——人家会觉得是我没教好孩子。

更生气的是，他有时候还会和我顶嘴。比如他把玩具拿出来玩，玩完了就随便放在地上，自己跑去看电视。我让他先收好玩具再看电视，他说："我现在不想收，等我想收的时候再收。"我问："那你什么时候想收？"他说："就是想收的时候。"我气得关掉电视不让他看。他就叫起来："妈妈你太坏了！你不能干涉我的自由！"我更生气了，真恨不得揍他一顿。看我生气，他还得意了，对着我做鬼脸。

我仔细回忆了一下我小的时候是不是也曾这样不听话，但是想不起来，总觉得自己一直是听话的孩子，怎么生出这样调皮的孩子来呢？

一次跟果果的外婆说起来，她笑着说："你小的时候不也这样吗？只不过可能是女孩子，没有果果这么淘气，但不听话的时候多着呢！孩子有自己的想法就说明他长大了，你该高兴才对。"

我该高兴吗？如果这是妈妈安慰我，那我也这样安慰自己吧！

孩子也可以有不听话的时候

有一次和同事聊各自的孩子，我痛诉果果不听话的种种劣迹。同事听得直笑。她说："我觉得你儿子很可爱，挺有想法的。"我说："那是你没遇到这样的孩子，要不然你也会气得不行。”

同事说：“我就不要求孩子处处听话，只要她说得有道理，我就听她的。你想，要是像你要求的那么听话，让他做什么就做什么，让他吃他就吃，让他睡他就睡，不哭不闹，乖巧可人，那就不是正常孩子了。长大之后也没个主见，跟奴隶似的，多可怕啊！”

听了同事的一番话，我很受启发。我们总是希望孩子听话，希望他乖，在家听爸爸妈妈、爷爷奶奶的话，到学校听老师的话。因为听话的孩子好管理，说到底，就是我们的自私了。为了省去很多麻烦，要求孩子不要有不同于我们的想法，不去做我们不允许的事情。但事实上，我们就一定对吗？如果我们错了，孩子还需要听吗？很多事情并没有对错之分，为什么一定要按照我们的想法来呢？孩子也是人，难道不能有自己的想法和喜好吗？

想明白这些后，我觉得还是不要苛求孩子处处听话为好，我们应该培养一个遇事有自己想法的孩子。

第4章

妈妈的修行
从改变对孩子的态度开始

向暴脾气说“NO”

任何时候，暴躁的脾气只能说明我们的无能。教育孩子的时候也一样。

先来看看对孩子发脾气的坏处

我承认自己不是一个温柔、有耐心的妈妈。刚满月的果果喜欢哭闹，有时候半夜不睡觉，要我抱着一直摇晃才安静，不然就一直哭。我有时候自己困得不行了，还要抱着他满屋子转，心里就生出很多怨气。有一次，他又开始哭闹，我抱着晃了老半天还不停，我实在忍不住就朝着他的小屁股打了两巴掌。还对他吼起来：“哭什么哭！”他呆呆地看着我，稍微愣了两秒钟，接下来哭得更起劲儿了。

我当时就后悔了，陷入深深的自责之中，我怎么可以打一个什么都不懂的小婴儿呢？我这样还配做妈妈吗？同时还担心会不会吓着他，会不会给他幼小的心灵带来什么伤害。总之，逞一时之快，打了那两巴掌非但没让我消气，还让我更难受了。

在果果成长的过程中，对他发脾气的事情时有发生。这个小家伙惹妈妈生气的本事很大，总是刺激我脆弱的神经。我不时就会变成一个很没有风度的妈妈，对着孩子大声吼叫，甚至直接动手。不过我经过长期观察发现，发脾气确实是一种不好的做法，不利于家庭和谐，不利于自己的健康，也不利于对孩子的教育。

动不动就对孩子发脾气，坏处多多。主要有以下几个方面：

◎发火之后父母会后悔

在气头上，妈妈们往往会说出不该说的话、做出不该做的事情来。过后看看无关紧要的一些小事，在大发雷霆的时候却可能被上纲上线，演变成对孩子人格和情感的攻击。当你心情好的时候，孩子打破了碗，你可能会提醒孩子小心些。发脾气的时候，你就可能说：“你这孩子怎么这么没用，拿个碗都拿不好！我怎么生了你这么个孩子！”这些话当时说了很解气，但孩子可能会记一辈子。根据弗洛伊德的理论，儿童对他们早期生活中的情感经历极为敏感，尤其是他们与父母的关系。

◎发脾气最终无济于事

当不能赢得孩子的合作时，你选择发火来威慑他。咆哮一通儿之后，他可能暂时屈服而听你的话。但明天呢？后天呢？在另外的事情上呢？以怒火制伏孩子，教导孩子的是恐惧，而不是自我约束。根据美国科学家的调查，妈妈经常发脾气，孩子更不合作，更不容易管教。

◎孩子会对你的愤怒产生免疫力

妈妈经常大吼大叫的结果是孩子很快知道什么会惹你生气，但他已经习惯你生气了，变得对此无动于衷，最后在吼叫得实在太厉害的时候，他会让步，但不是因为他觉得自己做了不好的事，而是为了降低你的分贝。结果是你下次不得不发更大的脾气。所以，滥发脾气就像滥用抗生素一样，很危险。

◎伤害孩子幼小的心灵

经常对孩子发脾气，你的孩子可能变得胆小、畏缩，同时牢骚满腹。根据美国心理学家鲍姆林德的研究，被父母以专制高压手段培养出来的孩子，在成年后往往缺乏积极的进取心，更容易情绪低落，甚至出现自杀念头。

冷静冷静再冷静

既然发脾气坏处多多，那么妈妈们想要发脾气的时候，就必须提醒自己：要冷静，一定要冷静！

某天，我和果果一起去外婆家，回来的时候我们坐出租车。可能是坐车比较无聊，他对我戴的玉镯子产生了兴趣，一定要拿下来玩。因为我长胖了一些，镯子已经变得有点儿紧，取不下来。我告诉他这个要回家抹上香皂才能取下来。他开始不高兴，哼哼唧唧的，继而发起了脾气，大哭大闹。我最不能忍受小孩子的无理取闹，尤其是在公众场合（还有司机叔叔呢！）。于是忍不住训他："不许哭！再哭把你扔出去！扔在路边！"很明显，我这招根本无济于事，他继续哭，而且话一出口，我就意识到自己有多愚蠢！就算他继续哭，我又能怎样？我舍得把他扔出去吗？如果他继续哭，我又不能扔，接下来怎么办？

然后我就不理他，我想他自己哭累了也就不会哭了。但他并没有要停止的意思，而且司机已经表现得有点儿不高兴了。我急忙向司机道歉，然后赶紧想办法。显然恐吓和责骂只能让他哭得更厉害，这种方法不可取。其实他的目的很简单，把手镯取下来玩。但他还不能理解手镯取不下来这个事实，以为妈妈不给他玩，或者觉得自己取不下来很受挫折。那么，不让他哭就要解决根本问题了，怎么解决呢？

我故意提高声音说："哇，妈妈想到办法了！"这下有效了，他停下来，好奇地看着我。我把胳膊在他面前晃了晃，然后把手镯转了转，放到我耳边听了听，很神秘地告诉他："妈妈刚才听到玉镯和我说话了，它说要取下镯子必须要有一点儿魔法才可以！"果果睁大眼睛看着我。我接着说："这个魔法只有奶奶会哦！我们快快回家找奶奶帮忙取下来，好不好？"哈哈，他上当了，很高兴且急切地想要回家去。

所以，当我们冷静下来，结果就会不同。

除了冷静，当然还要有耐心。孩子毕竟是孩子，成长是个艰难的过程，他有足够多犯错的权利，而作为妈妈，对孩子无限包容是我们义不容辞的责任。

蹲下来和孩子讲话

在父母放低姿态、蹲下来和孩子说话的那一刻，父母和孩子的心就更近了一步。

向幼儿园老师学习

不知道妈妈们有没有和我一样的感受，宝宝在家里调皮，不听话，但是到了幼儿园就变乖了，回到家张口闭口都是“老师说……”有时候弄得我这个当妈的醋劲儿大发。同样的话，妈妈说了不听，老师一说就见效了。

我很用心观察过幼儿园老师和孩子相处的情形。她们对待孩子几乎一直保持着笑脸，说话声音也总是很温柔，还有一点和大多数妈妈不一样，她们和孩子说话经常是蹲下来的。老师蹲下来的高度和孩子的身高差不多，所以说话的时候，可以保持和孩子的眼神交流。

有一次，我和果果的一位老师探讨过这个问题。老师告诉我，在对幼儿教师进行入职培训的时候，都会强调尽量蹲着、跪着或者坐着和孩子讲话。因为根据长期的研究发现，老师们蹲着、坐着或者跪着与幼儿脸对脸，视线保持一致进行交流，效果比站着交流时要好。站着说话的时候，孩子们的注意力好像不是很集中。

哦，原来如此！对于这经验之谈，我自然要好好学习了。从那之后，我在家和果果说话的时候，也试着蹲下来和他说话。我蹲下来的高度比他要矮一些，要稍微仰着头才可以与他的眼睛对视。几次下来，我感觉仰着头说话的感觉相当不好。于是我就可以体会到平时果果和我说话的时候，要仰头看我的感受了。

当我蹲着和他讲话的时候，他果然要更专注；当他哭了或者难过了，我蹲下来拍拍他的肩，或者和他来个拥抱，他的感觉便好多了；当他生气的时候，我蹲下来逗逗他，他也很容易就笑起来；当他受委屈了，我蹲下来，帮他擦掉眼泪，让他跟我说说事情的前因后果，他会很乐意跟我说说发生了什么事。有的时候，我跟他说妈妈心情不太好，他还会学我安慰他的样子，摸摸我的脸，拍拍我的肩，抱抱我。这样的温馨场面，我都被他感动了。如果我还是高高在上地俯视着他，大概就享受不到这一切了。

而且蹲下的时候，我也能设身处地了解孩子眼里的世界。

比如，我发现家里的沙发、桌子、椅子、床对果果来说都显得太高了，于是我果断地给果果买了一套儿童桌椅——之前还一直犹豫，觉得挺占地方，想让他凑合用大人的就好了。

和老师学的这一招看来还是很管用的。有时候觉得总蹲着讲话有点儿累，就对这种交流方式进行了因地制宜地改造：只要能和果果保持同等高度就可以，比如我坐在椅子上，让果果坐在他专用的高脚餐椅上和我讲话……

蹲下来不仅仅是一种姿势

蹲下来不仅仅是一种姿势，更是一种态度——尊重和平等对待的态度。有人会说，父母和孩子怎么可能真正平等呢？父母是成人，孩子毕竟还是孩子；父母凡事有经验、有想法，孩子行为处事都还很懵懂；遇到事情了父母要拿主意，孩子通常提不出什么有建设性的意见。对，这些都对！但正因为如此，我们才要教育孩子。要教育孩子就需要他接受教育，而且是愉快地接受教育才会获得好的效果。如果父母永远高高在上，总是习惯对孩子发号施令，把自己的思维和主观愿望强加到孩子身上，而很少考虑到孩子内心的想法，那么这种教育显然很难顺利进行下去。当父母们放低姿态，把自己变成和孩子一般高时，孩子会从父母脸上看到爱意、真诚和平等，就会认真地听父母说话，而不是心不在焉。

做父母的，总是希望能在孩子心里树立起自己的权威。但如果把握不好这个尺度的话，权威就容易变成专制，反而会有损父母的权威。父母在家庭教育中对整个教育过程发挥着主导作用，如果想让孩子理解自己的良苦用心，父母需要先主动设身处地为孩子着想，考虑孩子的感受。所以，倒不如蹲下来，放低姿态，和孩子平等地交流。

当父母能够和孩子建立很好的关系，可以交流顺畅的时候，对孩子施加影响也就变得更容易。

我们的目的是一样的，就是好好教育孩子。那么在能达到目的的前提下，为什么不选择一些彼此都觉得轻松的方式呢?

做孩子的倾听者

做孩子的倾听者，用心倾听孩子的心声，是妈妈能够为孩子做的最重要的事情之一。

“妈妈，跟我说说话”

有一段时间，我为了赶工作进度经常加班。为了节省时间，接送果果放学的任务暂时委托给奶奶。晚饭之后我也基本都在自己的房间对着计算机找数据、写文章，周末也抽不出时间陪果果。果果经常跑到我身边，想要和我说话，我急着工作，对他有点儿敷衍。有时候干脆就跟他说：“妈妈现在很忙，等我忙完这一阵子再好好陪你玩。”他听后，总是失望地走开了。

等忙完那一段时间后，我终于又恢复了去接送他的任务。那天我下班去接他，他显得很惊喜，朝我飞奔过来。他拉着我的手问我：“妈妈，您现在不忙了吗？”

我点点头，说：“妈妈上一阶段的工作结束了，可以清闲一阵子了。妈妈忙的时候都不管你，你不高兴吗？”

果果很认真地说：“妈妈忙的时候就不能陪我玩，也没时间听我说话，我觉得一点儿都不好！”噢，原来小家伙过不惯没有妈妈管着的日子。

“果果，有话可以跟爸爸说，跟奶奶说也可以啊！”

“我就想跟妈妈说。”果果略带撒娇的语气说。

这话说得我心里挺受用。“是吗？那你想跟妈妈说什么呢？”我接着问他。

这一问，果果就兴奋了，一路上讲个没完，一直到家，嘴都没闲着，说的话无非是幼儿园里的事，哪个小朋友转学啦，哪个小朋友跟人打架啦，对新来的老师的评价啦……

如果不是这一次，我还没有意识到果果这么希望跟我说话，确切地说，是没意识到他这么希望我听他说话。之前我一直以为，每天接他放学的路上，他说的那些话是可说可不说的，我也是可听可不听的。甚至有的时候因为心情不是很好，我会打断他的话，让他安静一下。

现在想想，当我让他安静不要说话的时候，他心里肯定特别的委屈。其实他的要求并不高，不需要我对他说的事情表示莫大的兴趣，不需要我对他的说法进行适时的评价，只要我听着，偶尔说一声“噢”“是吗”一类的话语来表示自己在认真地听就可以了。

经过这件事，我对果果的说话态度改变了很多，我尽量认真去听他说话，有时候也会对他说的事情很好奇，然后追问下去。每当这个时候，果果就会表现得很认真，他会把自己知道的全部都告诉我，尽他所能解释清楚我问的问题。通过认真听他说话，我对他在学校的生活也有了更多的了解，对他的成长也有了更深的认识。而果果更愿意把他的想法告诉我了。这些收获，如果不是认真倾听他说话，是得不到的。

倾听孩子，不仅仅是听他说话

每个人都需要有人能用心倾听自己的想法。当我们有表达的欲望，而这时正好有个人愿意专注地倾听，并对我们所说的一切表现出浓厚的兴趣时，我们必定会感到喜悦，就会把自己想说的一吐为快。孩子也是一样，也有迫切想表达自己的时候，如果这时妈妈懂得积极倾听，一定会让孩子欣喜，同时他会更愿意和妈妈产生更加亲密的互动。

如果妈妈忽视孩子想要表达的愿望，拒绝听孩子倾诉，或者虽然看似在听实际完全没放在心上，甚至嫌孩子聒噪，打断孩子的话，粗暴地对孩子说：“别说了，你能不能安静点儿！”那么孩子表达的积极性就会大受打击，日后也不愿意和妈妈进行沟通和交流。

亲子间的交流陷入僵局，对孩子表达能力的培养和个性的健康发展都是不利的。遭到妈妈拒绝的孩子，容易变得脆弱和自卑。

我想起曾经看过的一部电视剧中的情节：一个孩子很想把幼儿园里听到的故事讲给姐姐们听，可是几个姐姐都说没空，他很失望。大哥哥告诉他，他可以和大树说，于是他一有心事，就到那棵亲情树下诉说自己的喜、怒、哀、乐，似乎那棵树真的能听懂他的话……

妈妈的倾听对孩子来说最为重要，正如作家契诃夫所说的："母亲之所以在教育子女方面不能由别人代替，就是因为她能和孩子同感觉，同哭同笑……"

如果妈妈是真心爱孩子，那就用心倾听孩子吧！这种倾听，可以是用心听孩子讲话，如果碰巧我们的孩子不是很爱用语言表达自己的感受，也可以让他们给妈妈写信，给妈妈画画，用一切他喜欢的方式向妈妈表达。

不管孩子是用哪种方式向我们倾诉，我们都要把这当成一件很重要的事情来对待。当孩子表达他高兴或者悲伤的时候，我们要真诚地感受他的感受，只有这样，才能赢得孩子的信任，才能打开孩子的心扉。

孩子的劳动也需尊重

父母对于孩子的劳动成果，哪怕是微不足道的也要加倍爱护，因为这是激发孩子继续行动的强大动力。

老师的忠告

在上幼儿园中班的时候，有一次参加家长会，果果的老师给家长们提了一个建议："要尊重孩子的手工作品。"老师说："经常有孩子到我这里来告状，说'老师，昨天妈妈把我剪的纸扔到垃圾桶里了。''老师，昨天爸爸把我剪的小白兔扔了。'孩子虽然小，但也有自己的想法。有时候孩子比我们成人更需要尊重。不管孩子剪纸剪得好不好，但在他心里都是最好、最美的，因为那是他自己亲手做的，凝聚着他的兴趣、热情和创造。孩子希望爸爸妈妈喜欢他的作品，欣赏和赞美他的作品。如果我们不尊重他们的手工作品，他们就没有动手的积极性了……”

老师说的是实情，包括我在内的很多爸爸妈妈可能都曾有意无意地破坏过孩子的手工作品，或者无视过孩子的手工作品。

果果上了绘画班后，似乎对绘画有了一些兴趣，经常在家里画画，家里各种大大小小的纸都被他当成画纸，有时候还会在墙上信笔涂鸦。一开始，我觉得挺有意思，看到他的作品时就会鼓励他，并帮他保存起来。时间久了，画作太多了，我嫌乱，打扫屋子时就会把我认为画得不太好的扔掉。每次他发现自己的画被我扔进了垃圾桶，就会非常不满，说：“妈妈，你又扔我的画，我还要呢！”我都会应付几句，也没有放在心上。

我生日之前几天，果果就说要送我一份礼物，我很好奇到底是什么，可是他就是不告诉我。生日那天早上，他一起床就跑到我的房间里，手里拿着一幅画，对我说：“妈妈，生日快乐！这就是我送给你的礼物！”

我拿过来一看，是他自己画的画，说实话，我认为画得一般，但我还是很感动，毕竟是他的心意。我对他说：“画得真好，妈妈很喜欢，谢谢你的礼物！”然后我就随手放在了梳妆台上。没想到果果看见了，他拿着自己的画说：“妈妈，我知道你不是真心喜欢这幅画！”“为什么？我很喜欢的！”“你以前经常把我的画给扔了，你不喜欢我的画，这次也一样！”说着，他拿着画跑回了自己的房间。

我内疚极了，可能是果果对我的态度太敏感，可能是我没把他的画当回事，这种心理被他洞察得一览无遗。总之，我没有对他的手工作品表示出应有的珍惜和尊重，让他伤心了。

我跟果果道了歉，要回了他送我的画，并把它珍藏在家庭相册里，果果这才开心起来。

尊重孩子的劳动才能教会他们尊重他人的劳动

我们教育孩子要珍惜和尊重别人的劳动成果，首先我们就应该珍惜和尊重他们的劳动成果。孩子的劳动成果可能是有形的，比如他们做的手工，画的画；也可以是无形的，比如他们与众不同的观点，创新的思维……不论有形还是无形，只要是孩子用心创造的，花费了心思和时间的，都值得我们珍惜和尊重。

我的一个朋友在装修新家的时候，把他女儿的一些画拿去用精美的相框装裱起来挂在显眼的位置来装饰客厅的墙壁。我们去他们家，他就向我们介绍那些画是出自自己的孩子之手。不要以为他女儿是个画家，其实他女儿才上中学，那些画也都是很粗陋的画。我想，他的做法一定会让女儿信心大增，进而画出真正优秀的作品。

有一个好友总是乐呵呵地向我们转述她儿子的奇思妙想和说过的那些有意思的话。印象最深刻的是，她说她儿子每天等着开饭的时候，就要宣布："开饭大典马上开始！"她觉得儿子的想法很有创意，跟我们说的时候透着一股骄傲的神情。

我想，可能有的妈妈听见孩子说这些话会毫无反应，有的妈妈甚至还会责怪孩子不好好说话，但朋友一直对孩子这种自由的思想保持鼓励的态度，所以她的孩子也总是保持着活跃的思维。

我们可能都会看到幼儿园教室的墙壁上贴满了孩子们画的画，挂着孩子们做的玩具。孩子们看到自己的作品都会很高兴，因为那些都是自己手工劳动的成果。这样的做法展现了老师对孩子劳动成果的尊重。

那么作为父母，我们应该比老师做得更好。劳动的过程是愉快的，劳动的成果是愉悦感觉的延续和升华，好的成果值得肯定，不好的结果同样值得肯定和尊重。如果对孩子的劳动成果不屑一顾，或者随手就扔，甚至冷嘲热讽，势必会挫伤孩子的积极性，伤害他们的自尊心和自信心，也不利于培养他们珍惜别人劳动成果的好习惯。

向孩子说说自己的心里话

有时候我们抱怨孩子不和我们说心里话，其实我们可以主动一点，先跟孩子说说自己的心里话。

给孩子懂你的机会

某天去接果果放学，回家的路上，我催他快点儿走，因为我回家还要处理一件工作上的事。经过麦当劳的时候，他非要到里面的儿童乐园玩，说好了玩10分钟就回家。可是10分钟到了，他还不愿意走。我威胁他说我要先走了，他就开始叫，不让我走。没办法，再玩5分钟。出来之后又提出要吃甜筒和薯条，我平时是不许他吃的，因为急着回家，就答应了他。谁知给他买来之后他却说要坐在里面吃。我彻底失去耐心了，告诉他："要么边走边吃，要么别吃！"他很不高兴，我也生气了，拿着他的书包就往外走。他见我走了，就开始哭，我没有回头，他没办法，也跟在我后面出来了。

我走得快，果果被落在后面。回头瞄了他一眼，见他一手拿着甜筒，一手拿着薯条，还边走边哭。甜筒在他手里慢慢融化了，乳白色的汁水顺着他的手指流淌，他全然不管。我一下子就心软了。我想，也许我不应该那么绝情地扔下他自己走，他毕竟还是个孩子，再说我也没有跟他说明我的理由啊！

走到小区里面，我坐在路旁的长椅上，等着他。他走过来，见我坐在那里，也跟着站在我旁边，已经不哭了，但还是抽泣着，看来委屈还不是一点点。甜筒快要化完了，脆皮都变软了。我拉他坐在我旁边，拿出纸巾，帮他拿着薯条，让他擦擦手，先把甜筒吃了。他乖乖吃了。吃完我再帮他擦擦嘴。

他低着头不说话，我想跟他好好解释一下，就说："果果，妈妈不是存心要让你不高兴，因为妈妈今天工作没有做完，急着回家做，所以才催你回家。妈妈今天的工作没有做完，就好像你作业没有做完一样，明天老板就要责备妈妈，到时候妈妈会很没面子，也会很伤心的。还有，妈妈上了一天的班，也觉得有点儿累，想回家休息休息，这样明天才有精神上班。另外，你今天说话不算数，说好了10分钟，你不守承诺，妈妈也有点儿生气了。还有甜筒和薯条，妈妈之所以买给你，也是因为要急着回家，不是真的愿意让你吃，妈妈之前都说过很多次，这些是高热量的食品。”

果果听我说得有道理，自觉理亏，主动认错，对我说：“妈妈，我错了，薯条我也不吃了，我们回家吧！”当我们起身准备回家时，他像想起什么似的，要接过我手里的书包，还要接过我的手袋。他对我说：“妈妈，您累了，我帮您背包吧！”真是让我感动。他背上自己的书包，一手拿着我的包，一手拉着我的手往家走，还高高兴兴地说起了当天的新鲜事。

不要以为他不懂

很多妈妈抱怨不能和孩子好好沟通。孩子小的时候自己说的道理他不懂，孩子大了，想法多了，有什么事情也不跟妈妈说，妈妈说的话也听不进去了。其实，父母子女间的沟通，不仅是指孩子能够对父母敞开心扉，还意味着父母也要尽可能地向孩子敞开心扉，表达自己的真实想法和感受，只有这样，才能体现平等。孩子小的时候也可以多跟他说说自己的想法，不要以为他不懂，其实他能懂，只要我们用孩子能懂的方式表达就行了。

当孩子提出了无理要求，妈妈第一反应可能是强硬地去反对或阻止，其实倒不如心平气和地和孩子说说自己的观点和反对的理由。只要我们把道理摆明，把道理讲透，他还是能服气的，能意识到自己的要求有些过分，父母不同意是有道理的。

当觉得孩子不理解我们的时候，也不妨敞开心扉，让孩子知道我们的生活阅历和内心真实的想法。不要觉得一定要在孩子面前伪装得坚强和完美才能更好地教育孩子，让孩子理解我们也有困惑，也有软弱，反而更能拉近和孩子的距离。

有的妈妈不习惯和孩子面对面说那么多心里的话，不妨给孩子写封信，或者用讲故事的方法来和孩子交流。有一个父亲，每天下了班都推掉应酬，回到家里第一件事情就是给正在上小学五年级的女儿写教育日记，把一天来要跟孩子说的话写在日记本上，等女儿放学回来看。我觉得这位父亲就是一个很有智慧的父亲。

当我们以平等的姿态、平和的心态，用孩子能够接受的方式，向孩子敞开心扉，表达自己的想法和感受时，孩子也会理解我们的用心良苦，也会对我们敞开心扉。

保护孩子的自尊心

妈妈要懂得保护孩子的自尊心，因为孩子的自尊心一旦被伤害，就很难恢复了。

孩子也会在意面子

那天我和果果去商场买东西，碰见了一个朋友和她女儿，两个孩子都礼貌地和大人打招呼，我们两个大人的话题自然就说到了孩子。朋友的女儿和果果同岁，比果果小几个月，听说成绩不错。

我就羡慕地对朋友说："看你多幸福，生了一个这么漂亮的女儿，既听话成绩又好！不像我家的果果，成绩倒还过得去，就是太贪玩，又好动，不时地给我惹点儿事，真是让我头痛。"朋友听完笑着说："男孩子都调皮，活泼是好事。我还希望我的女儿能活泼点儿，可是她有点内向，不太爱说话。”

我俩正说着，果果在一旁扯着我的衣袖，示意我该走了。我不好意思地和朋友说：“你看，这孩子就是这样，就惦记着去逛，等一会儿就不耐烦了！”于是和朋友告别，和果果接着逛商场。

果果有点儿闷闷不乐，本来说好帮他买衣服，看到新衣服也没有让他高兴起来。我问他怎么了，他不满地说：“妈妈，你又跟别人说我的缺点！我多没面子啊！”

我笑着说：“你个小屁孩还知道面子呢？我也没说什么呀！总不能见人就夸自己孩子吧！那显得多不谦虚啊！”

果果说：“那你说我调皮还贪玩！我都知道改了你还说我！”看来他真的很介意，于是我跟他说对不起，并保证以后不再对别人说他的缺点了，他这才高兴起来。

原来果果真的长大了，也知道要面子了，他幼小的心灵里也渴望得到别人的尊重。而我，为了所谓的谦虚，拿他的缺点说事，伤了他的自尊。

其实我自以为在这方面一直都还挺注意的，他真正的糗事基本上我都不会对外说。但是有时候大人们一起聊天，说起自家的孩子，基本都是数落缺点。当别的妈妈大说特说自己孩子缺点的时候，我如果不说点儿不就显得太不合时宜了吗？

我以为只是随口说说而已，孩子也不会真的在意。其实，孩子真的很在乎，尤其是当着同龄人的面被妈妈揭短。

孩子比我们想象的脆弱

生活中常有这样的场景：有的妈妈接孩子放学，看到试卷的成绩之后就开骂："你怎么这么笨，数学只考了70分！"还有的妈妈手上拿着试卷，在路上边走边指着孩子数落："你怎么回事啊！又考不及格，真是笨啊！怎么教都教不会，怎么办？"

孩子一脸茫然地看着周围的同学……一个爸爸怒气冲冲地给了孩子一巴掌，说："谁叫你不听话，谁叫你闯祸，我怎么生出你这么个孩子来，净惹祸！"孩子愤怒地看着家长，却一脸胆怯地看着围观的同学……

一群妈妈带着孩子在聊天，一个妈妈当着孩子的面笑话说："看我家这个，10岁了还尿床，真没有出息哦！"孩子脸红地低下头……

有的父母在数落孩子或者说孩子的缺点时，也许是出于一时心急，不是故意让孩子难堪；也有的父母，就像我，是为了表现谦虚，找孩子的缺点来作为聊天话题；这些行为都可能伤害孩子的自尊，给孩子的心灵留下阴影。

还有的父母可能认为，孩子有缺点，做错事，当众说出来，让他觉得羞愧，可以刺激一下他，促使他为挽回自尊而下决心改正。但事实上很多孩子在受到父母的羞辱之后，会产生更深的负罪感和心理上的自我贬低，变得自卑、敏感，丧失努力进取的信心。有些个性倔强的孩子很容易产生强烈的对抗情绪和叛逆心理，不仅不会改正错误，还可能自暴自弃，破罐子破摔。

大人好面子，孩子也一样。甚至孩子的自尊心比我们想象的要强得多，与此同时，孩子的承受能力又比我们更脆弱，周围人的一句话、一个举动、一个表情，都有可能无意中让他们受到伤害。而一旦孩子的自尊受到伤害，想再重建就没有那么容易了。

所以，做父母的要考虑孩子的感受，小心翼翼地保护孩子的自尊。只有这样，孩子才会感觉自己受到尊重，继而展现出自信心。在这一点上，西方国家的做法可供我们借鉴。比如，美国朋友就曾告诉我：美国人最忌讳父母人前教子，更不允许当着外人的面斥责孩子“不争气”“笨蛋”“没出息”，认为这样会深深伤害孩子的自尊心。

妈妈们，别拿孩子自尊心不当一回事，让我们像爱惜眼睛一样爱惜孩子的自尊心吧!

当孩子要实践新想法，要鼓励不要阻止

如果害怕孩子出错而不让他去尝试，他可能就失去了创新的能力。

给孩子帮忙的机会

我们家的现状是，男人都不愿意也不擅长做家务。就说做饭吧，果果的爷爷不用说，基本上连厨房的门都没进过。果果的爸爸在我的教育下稍有进步，但也只停留在会做番茄炒蛋的水平。

现代社会男女平等，女人一样要辛苦工作，那男人自然也应该分担家务。为了将来我家果果能成为新时代的好男人，我决定教会他做家务。

学做家务就从最简单的摆碗筷开始。可是刚实行两次，这个孩子不是少拿筷子就是多拿碗，还把我心爱的青花瓷汤勺给摔坏了。我心想，这孩子动手能力真是够差的，还是不指望他算了。第三天晚饭，摆碗筷的工作我就不让果果做了。

果果倒也不气馁。不让他摆碗筷了，吃饭的时候，他主动说要帮我收拾碗筷。我一听断然拒绝了，收拾碗筷这件事他绝对做不好的，油腻腻的盘子、碗，弄脏他的衣服不说，不小心还会再摔坏我一个盘子。结果他表现出一副很受伤的模样。

我想了想还是等他大一点儿再培养吧，太小了帮忙做家务就是不成。

暑假时，果果去外婆家住了一个星期。待我去接他时，他一见我就跟我炫耀，说他不仅帮外婆摆碗筷，还帮外婆洗碗了。我不相信，问外婆，外婆直夸他，说果果可聪明了，一学就会。果果得意地笑了。

背着果果，妈妈笑着告诉我，果果主动说要帮她，不过做得确实不怎么样，但是多夸几次，还真挺像样了。妈妈还教育我说："孩子想帮忙要多夸才有积极性，刚开始肯定也做不好，但只要他愿意做，还怕教不好吗？最怕就是一做错就批评他或者不让他做，这样的话他以后就不愿意动手了。你想想你们小时候，我不都是这么教会的吗？"

我回想起小的时候，第一次学着包饺子，面皮擀得不是薄了就是厚了，大小不一，也不圆，妈妈说我第一次能擀成那样很好了，只要能包进馅就可以做饺子。我听了大受鼓舞，以后每次包饺子我都抢着擀面皮。

看来，当孩子想要动手帮忙的时候，一定要多鼓励，让他保持积极性。让他多尝试，他才能做好。如果不给他犯错误的机会，他可能永远也进步不了。

创新能力从何而来

孩子的想象力和创造力近年来广为诟病。2009年，有一项对全球21个国家进行的调查显示，中国孩子的计算能力排名世界第一，想象力却排名倒数第一，创造力排名倒数第五。当然，这个调查可能不是很全面，也不是很客观，但也给我们很多警示。在知识经济时代，竞争日益激烈，我们掌握的知识和技能更新换代的速度也在加快，要想在竞争中获得一席之地，创新精神和创新能力是不可或缺的。

我们的孩子创造力之所以很差，肯定不是因为我们天生比别人笨，恰恰相反，我们计算能力能排第一就说明我们的孩子都很聪明。创造力低，一方面是模式化的应试教育束缚了孩子的思维，另一方面，恐怕就是父母总是不能放手让孩子按照自己的想法做事。

就像做家务一样，孩子只要想做，就有做好的可能。为此，当他要实践自己新想法的时候，妈妈们一定要鼓励，而不要怕他做不好就去阻止。

比如孩子说："妈妈，我想看看遥控飞机如果没有翅膀了还能不能飞起来。"那好，让他把飞机翅膀拆下来试试吧！通过这一试，他的动手能力增强了，也弄明白了飞机没有翅膀是飞不起来的。试玩之后他可能还会问为什么，妈妈要讲给他听，或者拿来书让他自己找答案。这样一来，孩子的知识量又增加了一些。

通过亲自动手获得的知识，比坐在课堂里听老师讲要印象深刻得多。如果妈妈觉得这个遥控飞机买的时候花了很多钱，怎么能拆了呢？就告诉孩子："不要拆，没有翅膀飞机肯定飞不起来的。"孩子可能半信半疑，对这个问题不能很好地继续探索下去。当他养成习惯了，遇到什么问题就直接问答案而不亲自去探索的时候，他的探索精神和能力就受到了伤害。创新的动力也就消失了。

第5章

学会引导，好妈妈教给孩子好品质

说到就要做到，做不到的不要说

父母对孩子要说话算数，所给的承诺应实时兑现，这是给孩子做出诚信的榜样，增加自己的威信，也是教育孩子诚信的最好方式。

不能随便应付孩子

果果5岁的时候，看到小区很多孩子在溜冰，非常羡慕，缠着我帮他也买一双溜冰鞋。我觉得他还小，担心溜冰不安全，不想给他买。果果一再向我保证，他会非常小心的。可是他保证有什么用，到时候不小心摔伤了可怎么办。但是我又不想直接拒绝他，就说："你现在太小了，等你上小学了我就给你买。"我想着小孩子嘛，过一阵子就忘记了。谁知道他一直都记着。小学刚开学，他就提醒我："妈妈，你说我上小学就给我买溜冰鞋的。”

我早就忘记这回事了，经他提醒才记起来，但那时候就是不想给他买才随口那么说的，现在还是不想给他买。我告诉他：“等你上二年级再买吧！你现在还小，会把腿摔伤的。”

果果一听不高兴了，大声说：“我再也不相信妈妈的话了，妈妈是个大骗子！”我一听怒了，这孩子怎么能这么跟妈妈说话！他倒好，说完自顾自往家走，不理我了。

可能每一个家长都有答应了孩子的要求，后来食言的例子。有些父母认为这样做是为了当时应付孩子；或者希望孩子能达到什么样的目标；或者想让孩子按照自己的要求去做，只是随意对孩子开出空头支票，根本没有打算日后兑现。就像我一样。

但总这样做后果是很严重的。父母随口说出应付孩子的话，转眼忘记了，但孩子不会忘记。如果父母这样随口应承得很多，却经常不做到，一方面会让孩子伤心，另一方面也会给孩子留下说话不算话的印象，失去孩子对自己的信任，以后说什么孩子都不会再相信。并且也会学着父母的样子，说到却不去做到，养成撒谎或者言而无信的恶习。

我想起曾子杀猪的故事。曾子，也就是曾参。有一天，他的妻子要到市集上去，儿子哭闹着要跟去。曾参的妻子就哄儿子说：“好孩子，你别哭，你在家里等着，妈妈回来杀猪炒肉给你吃。”儿子听说有肉吃，就不吵着跟妈妈去了。

曾参的妻子从街上回来，只见曾参拿着绳子在捆猪，旁边还放着一把雪亮的尖刀，正准备杀猪。他的妻子一见慌了，赶快制止曾参说：“我刚才是和孩子说着玩的，并不是真的要杀猪呀！你看你怎么当真了！”

曾参语重心长地对妻子说：“你要知道孩子是欺骗不得的。孩子小，什么都不懂，只会学父母的样子，听父母的教训。今天你要是这样欺骗孩子，就等于教他说假话欺骗别人。再说，今天你要这样欺骗孩子，孩子觉得母亲的话不可靠，以后你再讲什么话，他都不会相信了，对孩子进行教育也就难了。你说这猪该不该杀呢？”

曾妻听了丈夫的一席话，后悔自己不该和孩子开那个玩笑，更不该欺骗孩子。既然答应杀猪给孩子吃肉，就要说到做到，取信于孩子。于是曾参和妻子一起动手杀猪，为孩子烧了一锅香喷喷的猪肉。

换成是我，大概也很难去为了一句哄孩子的话而杀猪的。但是，既然知道自己做不到，一开始不说不就可以了吗？

对“一诺千金”常怀敬仰

俄国作家班台莱耶夫的小说《诺言》中讲述了这样一个故事：一群孩子在公园里玩打仗的游戏，一个大孩子是“元帅”，他命令一个新来的小“中士”：“这是我们的军火库，你留在这当哨兵，在我没把你换下来之前，你就站在这里。”

“中士”说：“好。”

“元帅”又吩咐说：“你要保证绝不离开。”

“中士”很听话，一直坚守岗位。天黑了其他孩子都回家了，他们已经把这个小“中士”忘了。

“中士”又冷又饿，非常害怕，却不肯离开“岗位”。公园要关门了，一个好心的路人劝他离开他也不肯，于是找来一个真正的少校帮忙。

少校说：“‘中士’同志，我命令您撤离岗位。”

“是，少校同志，奉命撤岗。”小男孩这才肯回家去。

我不知道如果这个小男孩是我们的孩子，我们做父母的会如何评价他的行为。如果是我，我可能会说：“你这个孩子怎么这么傻呢？玩个游戏你就这么当真，弄得这么晚才回家，让妈妈担心你！”是的，这就是我们的教育。所以我们今天的孩子看上去都很机灵，却在一些原则性的问题上有所欠缺。

说到底还是我们父母没有做好表率作用。想想我们的孩子是不是也会这样：让他写作业，他说：“等一会儿，我吃完这个苹果就去写。”吃完苹果了，他却打开电视，再催他，他又说：“等一会儿，我看完这集动画片就去写！”

其实这种做法，看似拖延，本质上就是不守信用，说到却不去做到。这是不是和我们平时应付他时说的话如出一辙？我们曾经答应他："把数学作业写完就让你去玩。"数学作业做完了，我们还想让他写语文作业："等一会儿，做完语文作业就让你去玩。"

说话不算数的父母只能培养出说话不算数的孩子，对承诺满不在乎的父母也不会培养出信守承诺的孩子。因为孩子就是看着大人尤其是父母的表现长大的。

是改掉不良生活习惯的时候了

作为孩子身边最亲近的人，如果我们不先改掉自己的不良生活习惯，凭什么要求孩子能养成好习惯呢？

陪孩子一起运动

果果是个好动的孩子，总是坐不住。我从一本书上看到培养孩子的恒心和毅力要配合孩子的个性来进行，比如对于活泼好动的孩子，可以通过运动锻炼来培养。不过运动锻炼操作起来不是很容易，最好要有大人带着。但是我和果果的爸爸都是不怎么爱运动的人，平时上班比较忙，周末也不愿意动。以前没有果果的时候周末都喜欢宅在家里或是去看望父母，后来有了果果，为了带他玩周末才会去公园或者在小区里活动。

那天看小区论坛，看到有邻居发帖子邀请一个孩子和他家孩子一起运动，他亲自带领。我有点儿动心了，既然我和果果爸都不爱动，何不把果果托付给这个邻居呢？于是我给邻居留言，约定了面谈。

和邻居面谈之后我知道了他家的情况。邻居儿子7岁了，体质较弱，不喜欢运动，动不动就感冒发烧。邻居担心儿子以目前的体质难以应付以后紧张的课业。于是他每天早晨和傍晚便多了一项工作：和孩子一起做运动。

最初的时候他儿子很不愿意去，他便用游戏吸引儿子：用球拍端着乒乓球快速走、单腿跳、左右手拍球……渐渐地，儿子在运动中找到了乐趣，也喜欢上了运动。最近他觉得要是有个同龄人做伴，儿子会觉得运动更有意思，就想着在小区找个孩子来做伴。

听完邻居的话，我改变了想法。我决定说服果果爸，我们一起带果果运动。果果爸听了邻居的事，很痛快地就答应了我的建议。于是我们全家人约定，如果天气允许，每天运动半小时，每个周六和周日，每天运动两小时。

自从订下运动计划，我们和果果一起坚持至今。经过有计划的运动，我们的身体状况都好了很多，更重要的是，果果的身体强壮了许多，原来做事马虎、注意力不集中的毛病也改掉许多。

很多妈妈都知道运动对孩子的好处多，也不断教育孩子养成运动的习惯，但是无奈：“孩子太懒了，根本不愿意坚持锻炼身体。”

其实孩子不愿意运动不完全是孩子的错，父母应该对此负责。孩子因为年幼，自制力差，兴趣转移快，他们做事没有恒心。既然如此，与其跟孩子空讲运动锻炼的意义，不如先改改我们自身的习惯，陪孩子一起做运动。当爸爸妈妈带着孩子体验运动的乐趣，坚持一段时间后，孩子一定会爱上运动的。

父母不良生活习惯对孩子的影响

果果有点儿挑食，菠菜、茄子、番茄、胡萝卜都是他拒吃的蔬菜。究其原因，果果爸也很挑食。我想与其说是遗传，不如说是不良影响。比如有一次，我让果果吃菠菜炒鸡蛋，对他说：“果果，这是菠菜炒鸡蛋，吃了就能像大力水手那样有力气了。”

“我不吃，爸爸都不吃，我也不吃。”不管怎么劝他，他就是不吃。

我示意果果爸，他勉为其难吃了一口。我跟果果说：“你看爸爸都吃了。”

果果看到爸爸不情愿的样子，问：“爸爸，是不是很难吃？”又转向我：“妈妈，你看爸爸吃了都不笑，肯定很难吃。”

他爸爸意识到自己对儿子的影响了，乐呵呵地又吃了一口，果果这才愿意吃。

通过挑食这件事，我意识到孩子的很多生活习惯都是跟父母学的。有时候我们希望孩子改掉的不良生活习惯恰恰就是我们自己的习惯。如果我们希望孩子改掉，必须自己先改掉。有的妈妈做事很有条理，做什么都有条不紊，那么孩子通常也会不紧不慢；如果妈妈脾气暴躁，孩子多半也不会很沉稳。这些可能有一部分是个性的遗传，但是也不可否认日积月累、潜移默化的影响。

有同事跟我们说了他儿子的笑话。他家孩子都6岁了，还和他们睡一张床。他想让孩子自己睡，就说："你看你都这么大了，应该自己一个人睡。"

儿子立刻反驳说："您和妈妈都这么大了，为什么还要一起睡？"

我们听了都大笑不止，这孩子还真有想法。不过笑归笑，从这件事来看，孩子有时候还真的是把父母的言行当成自己言行的标准。爸爸妈妈们为了培养孩子的好习惯，还是赶紧把自己的坏习惯改改吧！

百善孝为先——为孩子树立孝顺的楷模

要知道，我们怎么对待自己的父母，孩子以后就会怎么对待我们。

为什么爸爸可以不听话

果果的爷爷奶奶并不是一直和我们住在一起，只是偶尔会来家里住一阵子。尤其是寒暑假这样的特殊时间。我和果果的爸爸需要上班，把果果一个人放在家里不放心，只能依靠爷爷和奶奶照顾。

果果的爷爷奶奶都是很随和的人，我和他们之间几乎没有发生过什么冲突，令很多年轻妈妈烦恼的婆媳关系，我也很幸运地没有遇到。我和他们确实相处融洽，并没有因为要给果果做样子才对他们好。我也没有明显感觉到我对果果爷爷奶奶的态度会对他产生多大的影响。

随着果果长大开始懂事，我发现他有时候会观察大人的行为和态度，并且模仿。比如之前我买了什么好吃的，我会先拿给他爷爷奶奶吃再给他吃，他会迫不及待就开始吃。但是现在，他也知道当我给他吃的时候，让我先吃。

比如有时候我和他奶奶说什么事情，我对他奶奶说："这事我看着办吧！您就别管了！"他会跟着学，然后活学活用。我让他做什么事并要求他怎么做的时候，他会说："这事我看着办吧！您就别管了！"

有一回，我和果果爸带着他去爬山，临走的时候他奶奶让我们带一壶水，还帮我们装好了，他爸爸不想带，就说："不带了，会增加行李重量的，到时候想喝再买吧！"爬山到中途，我们都渴了，果果爸去买水，果果一定要吃冰淇淋，不想喝水。

我跟他说爬山出汗了，吃太凉的食物不好，他不听，哭喊着要吃。他爸爸恼了，对着他屁股就是一巴掌，还说他："你这孩子怎么这么不听话！"

果果居然哭着说："你自己都不听奶奶的话，凭什么要我听你的话！呜呜……"

我也急了，说："你这孩子怎么这样跟爸爸说话！"然后把他拉到一边安慰他。

过后想想果果的确也没有说错。看来，今后真得多注意一些了，不然这孩子都看在眼中、记在心里了。

我想起曾经看过的一个故事：有一对中年夫妻，对年迈的父母很不孝顺，他们把老人赶到了一间破旧的小屋里居住，每到开饭时间，就用小木碗盛一些剩饭给老人端过去。一天，他们看到儿子在雕刻一块木头，就问孩子在做什么。

孩子说："我在刻木碗。到你们年老的时候，好用它给你们盛饭吃！"这对中年夫妇猛然醒悟，立即把父母请回家一起居住，扔掉了那个小木碗，还拿出家里最好的食物给老人吃。小孩因此也转变了对父母的态度，从此一家人和睦地生活在一起。

之前我不相信这样的故事，但是现在我相信了。

让孩子看到我们的孝心

今天的孩子多数都是独生子女，真可谓集万千宠爱于一身。但获取得多，却不一定懂得感恩。相反，常听父母感叹：现在的孩子一点儿也不懂得心疼父母。所以，培养孩子的孝心也是今天父母必修的课程。

俗话说"百善孝为先"，"孝"是一种人伦道德，是做人的基础。虽然现在已经不再是养儿防老的时代，有很多父母宣称"不求孩子回报"，但培养孩子的孝心不仅仅是要教会他们懂得尊重父母、关心父母、体谅父母，对父母有感恩之心、能够回报父母，更重要的是要他们学会长幼有序，学会正确与父母相处。

家庭是社会的细胞，父母是孩子的第一任老师，也是孩子在学着建立最初的人际关系，学会与父母相处，或者说与父母相处好了，将来才会与别人相处。

孝与不孝都不是天性。没有哪一个孩子生来就是孝子，也没有哪一个孩子生来就是不孝之子。孩子孝敬父母的品德是教育出来的。而教育并不是给他讲大道理就可以了，而是要让孩子看到自己身边人的孝行，从日常小事中体会孝的内涵，从一点一滴中培养孝的品格。有些家长，要求孩子孝敬自己，自己却冷落甚至虐待长辈，他们对孩子的孝心教育肯定是无效的。

因此，父母想要培养出一个有孝心的孩子，首先自己要做有孝心的人，并且要让孩子看到自己的孝行，让他生活在一个母慈子孝的环境中，久而久之他就会深受感染，养成孝顺的习惯。

比如外出时我们和家里的父母道别，告诉他们我们的去向，回家和父母打招呼；吃饭时，先替父母盛好饭菜，有好吃的让父母先吃；和父母说话能和颜悦色，即使有分歧也要恭恭敬敬；父母身体不舒服，我们要嘘寒问暖，尽心服侍；父母有什么要求，我们要尽量满足，如果不能满足，也要耐心和他们说明理由，取得他们的谅解。如果没有和父母住在一起，要经常去看望他们，帮他们多做一些家事，并且带着孩子，让他也感受一下这种父母子女之间的温情。如此天长日久，孩子耳濡目染、潜移默化，就会逐渐养成尊敬长辈、孝敬父母的好习惯。

杜绝浪费——教孩子节俭

教孩子勤俭节约永远都不会过时。现在物质极大丰富，已经不需要我们缩食节衣，只需要我们珍惜一粥一饭就可以。

节约，从自己做起

周末的时候收拾果果的房间，看到他的储物柜乱七八糟的，就想帮他好好整理整理。不整理不知道，一整理吓一跳，虽然才二年级，果果已经用过4个书包了。翻出来一看，都是好的，一点儿都没坏。那我为什么让他用了这么多书包呢？

第一个书包是果果刚上幼儿园的时候买的蓝色小海豚花纹的书包，背了不到一学期。有一次带果果买衣服，售货小姐为了让果果更喜欢那衣服，试衣服的时候给配了个背包，结果果果连衣服带包都要，我就帮他买了，这是第二个。

这个书包用得好好的，果果生日的时候，他姑姑送了一个书包。果果“喜新厌旧”，不要旧的，一定要背新书包，我想着反正都送给他了，早晚要给他背，就给他背了。

后来他看到别的小朋友有拉杆的书包，吵着说书包重，要买拉杆的，我觉得他说的也有道理，就给他换了个拉杆的书包。就这样，读了不到5年书，换了4个书包。

想当年，我是一个书包从幼儿园背到小学毕业，现在的孩子们实在是太幸福了。除了书包多，玩具也多，有好些玩具我都没什么印象，说明果果都没怎么玩过。这些玩具中有很多都是我平时买给他的，其实他并不喜欢。

整理完储物柜，还有衣柜。衣柜里面的衣服也有点儿多，甚至还有没撕下标签的，看看号码已经太小不能穿了。记得果果的奶奶和外婆都曾经告诉过我，小孩子长得快，衣服不用买那么多，穿不了多久就小了。但是我一看到漂亮的衣服，就又忍不住买回来。

我常常批评果果不节约，比如铅笔还剩很长一截，就扔掉买新的，橡皮擦被他用小刀切成小块，用不了几天就说不好用要换新的；吃饭的时候也是，总是剩下小半碗吃不下，我只能倒掉；洗手的时候要把水开得大大的，一面抹着香皂，一面让水在那里白白流着……他的这些行为不仅被我批评，更被奶奶批评过多次。但他总是改不了，好像已经成习惯了。我总是担心，他现在还小，自己还不知道花钱买，等到大了，自己支配的钱多了，还不知道要怎么样呢！

整理完果果的东西，我发现，其实果果很多没必要添置的衣物都是我心血来潮给他买的。我一方面经常为他不懂节约而担忧，另一方面又带头乱花钱，让他拥有那么多本来就不需要的东西，助长他的浪费。我为此进行了深刻的自我反省，看来我没有做好榜样。

抱怨环境、抱怨孩子，不如自己立榜样

妈妈们都明白勤俭节约既是传统美德，也是一个人得以成功的重要品格。“成由勤俭败由奢”，培养孩子勤俭节约的习惯对他一生都是有益无害的。

但想让孩子节俭实在是不容易。这些在蜜罐中长大的孩子似乎不知道节俭为何物。我曾经给果果讲“锄禾日当午，汗滴禾下土。谁知盘中餐，粒粒皆辛苦”这首诗，趁机又给他讲了讲珍惜粮食的故事，说到某个名人吃饭时，偶尔掉在桌上一颗饭粒，马上拾起来吃掉时，果果大惑不解。他插话道：“妈妈，掉到桌上的饭粒还可以吃吗？不会脏吗？”因为我之前曾经告诉他，饭菜掉桌上就脏了，不能再吃了。

整个社会的大环境也使得我们培养节俭的孩子的愿望变成了空谈。现在生活水平提高了，买件衣服、吃顿饭都不算什么负

担，谁不是尽量满足孩子的要求呢?

同学的孩子才9岁，就养成酷爱名牌的习惯，所穿的衣服、鞋子不是耐克就是阿迪达斯。同学跟我诉苦："他说班上的男孩子都穿这个，你要是不穿，就没面子，同学们也看不起你！"有哪个妈妈愿意让孩子在别人面前丢脸呢?

但是与其抱怨社会环境，抱怨孩子，不如先想想自己的行为是不是能给孩子当榜样。我们是不是常常从网络上买一些用不着的东西？我们的衣柜里是不是总有没穿过的衣服？是不是经常给自己换个新的包包？去外面吃饭是不是经常点得多吃得少，还不愿意打包？是不是经常忘记关灯、关计算机？看到和别人穿了一样的衣服是不是觉得很没面子，然后再也不穿?

如果父母能从自身做起，不仅和孩子讲明勤俭节约的意义，同时有计划地支出、理性消费，家中一切物品，包括孩子的衣物、玩具、学习用品等都能有计划、按需要添置，而不是根据自己或孩子的一时冲动购买，那孩子就知道买一件东西不能那么随意，不能见什么要什么了。如果父母平日里在吃、穿、用等方面不和别人攀比，不铺张浪费，节约用水用电，节约一粥一饭，给孩子做榜样，就迈出引导孩子节俭的第一步了。

惜时如金——教孩子懂得珍惜时间

父母在家中也要营造出珍惜时间的氛围，让孩子感受到时间的珍贵，进而学会珍惜时间。

早上赖床的“小磨蹭”

果果做事有点儿拖拖拉拉，表现在生活的各个方面。比如每天早上起床，就是让我最头痛的问题之一。上幼儿园的时候，早上8点半开始上课，我们给他订的规矩是7点半起床。往往我和果果爸7点起床，差不多7点半去上班的时候，奶奶就开始去叫他。可是果果总是不肯痛快地起床，醒了还要赖床一会，要叫到快8点才起来，吃完早餐再到幼儿园，经常迟到。不过那时候他还小，我们也不忍心对他太严厉，也担心他睡不够。加上幼儿园管理也不是很严格，所以起床这件事情也就那么得过且过。

上小学之后，学校离家稍微远了一些，上课时间也改到了8点。而且通常是我送他上学，所以必须7点起床，7点半，最迟7点40要出门，才能保证他上学和我上班都不迟到。这时候问题就凸显出来了。

上学日，我们家的早晨经常是这样的：7点的闹钟响了，我们都起来了，我去看果果，他也醒了。他睡眼惺忪地对我说：“妈妈，我再睡会儿吧！”我说：“不行，要迟到了。”他又翻个身，我急了，拉他起床，他没办法，就坐起来，然后发一会儿呆。

我洗漱好了，再去看他，发现他又躺被窝里了。这时候已经7点20了。我把他从被子里揪出来，他实在没办法才慢吞吞穿上衣服。洗漱完，要吃饭了，一看时间，快7点40了，他就开始着急，饭也不能好好吃，拿着早餐就要上学去。

至于寒暑假，不用准时去上学的日子，我不在家，果果爱睡懒觉的毛病更加肆无忌惮。其实平时果果晚上9点睡觉，早上7点起床，中午还能小睡一会儿，睡眠时间应该是够的。经过我的分析，他赖床的毛病就是跟他爸爸学的。

很多人上了一周的班，到了周末就习惯会睡懒觉，可能也不一定能睡着，但就是要在床上赖着，看看书、看看手机、上上网，或者什么都不做，就躺着，也觉得是很好的休闲方式。果果爸就是典型的这种习惯。

以前果果小的时候跟我们睡，周末的时候我先起床了，他们父子俩就赖在床上不起来。有时候要到10点多才起床吃早餐。不起床的时候，他俩就在床上说话，或者玩闹，我看着觉得就是一个小孩子、一个大孩子，不过也觉得很好、很温馨。

周末是两个都赖床，到了要上学上班的时候，“大孩子”知道要按时起床，小孩子却不能那么好地控制自己，似乎积习难改。

我跟果果探讨这件事情，想要教育教育他，对他说：“你知道早上如果按时起床，可以节约多少时间吗？”

果果说：“我上课不迟到就可以了。”

我说：“可是你起床晚就不能好好吃早餐，对身体不好。”

他回答说：“我觉得拿在手上吃也很好。”

我接着说：“早上总是急急忙忙的，对一天的心情都有影响。”

他回答说：“只要妈妈不骂我，我心情就很好。”

我沉住气，更加语重心长地教育他：“你知不知道有句谚语说：‘一日之计在于晨。’就是说早上要把一天好好计划，这一天才能过得充实，要是每天早上睡懒觉，那这一天就荒废了。”

果果无辜地看着我说：“我不知道那句话。我也不要计划，听老师的安排就可以了。”看来用说服的方法根本无法教育他。

让孩子看到珍惜时间的好处

又逢长假，我们没有出游的打算。我跟果果爸商量，这个假期包括以后周末能不能不要那么晚起床，假期不一定非要睡懒觉，我们可以做些更有意义的事情，这样对果果也是一种教育。果果爸还有点儿不情愿，辩解说果果赖床与他无关。经过我再三做工作，才答应听我的看看效果。

长假的第一天早上7点，我就起床了，同时叫醒果果爸，他之前已经答应我了，所以乖乖起床。我们穿好运动服一起到果果的床前叫他起床，他醒来看到我们很惊讶，尤其是看到爸爸。他问："爸爸妈妈，你们今天还要上班吗？"

我说："今天不上班，但是不上班也要早起，因为有重要的事情要做，你快起来我们一起去吧！"果果不愿意起来，说还想睡，我给他爸爸使个眼色，不理他，出去了。

我们到附近公园散步，然后去街边早点摊吃了早点，再慢慢回家。一看，果果还没有起床。他听见我们回家了，可能是好奇，起来了，跑出来问我："妈妈，您和爸爸干吗去了？"

我说："我们去公园了，早晨的空气可新鲜了，草地上都是露水，还有好多小鸟在唱歌，我们还在外面吃了早点，可好吃了。"

果果一听急了，说："妈妈，您怎么不带我去？"

我说："我叫你了啊！你不起床要睡觉。"果果一听，露出后悔的神色。

我趁机把我的安排说出来："现在是8点半，我和爸爸预订了9点半的电影票，咱们9点从家出发去电影院，然后电影结束大约是11点。中午我们回家做好吃的。吃完之后休息1小时，下午3点我们打算去书店，看书加买书，大约2小时。回家大概6点，吃完晚餐大概7点，我们准备去附近露天广场看表演，晚上8点半回家，9点半睡觉。大家对这个时间安排有没有意见？"

果果爸说没意见。果果一时还没反应过来，因为平时只要放假，我们都是很自由的，睡到几点算几点，白天想到什么就做点儿什么，晚上我们也看电视、上网或者看书到很晚才睡，总之一天下来什么都没做。

现在我提出这么详细的安排，果果很不适应。他问我："妈妈，我们一天可以做这么多事情吗？"

我说："当然，休息的时间也可以安排得很好，可以做一些平时想做又没时间做的事情呀！"

果果说："那我也同意。"

一天下来，我们都按照计划完成了预定的事项，晚上从露天广场回家的路上，果果爸感慨："这一天真充实！"

果果也激动地说："妈妈，我还想去游乐园，还想和爸爸一起去打羽毛球，还想去看外公外婆，还有好多事情想做。"

我说："那你就制订一个好计划，我们一件件都做了。不过有一样，就是不能拖拖拉拉，要珍惜时间，不然一件事耽误了，后面的都完成不了。"果果似懂非懂地点点头。

第二天，我先起床，听到果果的闹钟响了，不一会儿，他起来了。看我还在家，很高兴，说："妈妈，我们去公园玩吧！"

一连几天，我尽量让果果来给我们安排行程。因为他想做的事情多，所以时间安排得比较紧。有时候早上他想睡懒觉，我就提醒他，再睡的话，游乐园就不能去了。他肯定很快就爬起来。晚上他不睡觉，我也提醒他，明天还要早起，不然赶不上木偶剧开场了。经过这些天，我感觉家里的整体节奏都变了，不像以前那么懒散了。

最重要的是，果果不仅生理时钟得到调整，早上醒得早了，而且对时间也有了概念，知道安排行程的好处了。

果果爸也向我保证，以后晚上不熬夜，早上也不睡懒觉了，有睡懒觉的时间可以做好多事。看来不仅是果果，果果爸爸也得到了很好的教育呢！

知礼懂礼行礼——培养有礼貌的孩子

没有礼貌、举止粗俗的父母，很难培养出有礼貌的孩子。

遇到一个彬彬有礼的小朋友

记得在果果上幼儿园之前，我们每周都要去上亲子班。和我们一起上课的有个叫梓涵的小女孩，特别有礼貌，经常被大家夸奖。她每次见我们都会跟我们打招呼：“叔叔好！阿姨好！”

一起上课，有时候要大家合作完成一些任务，只要我帮助了她，哪怕只是帮了一点点小忙，她都要说“谢谢”。小朋友们一起玩，难免会有小碰撞，只要是她碰到别人，她都积极认错，跟人家说“对不起”。有时候下课了，大家都忙着拿书包、穿鞋子，只有梓涵把自己坐的椅子认真摆好，把弄乱的东西放回原处。

都说现在的孩子很以自我为中心，霸道、不合群。果果虽然说不上霸道，但确实有点儿以自我为中心，有时候别人为他做的事情他似乎觉得理所应当，不知道说“谢谢”；做了错事也总不愿意认错，就算认错态度也不端正，连个“对不起”都不好好说。但是梓涵却改变了我的看法。我想既然她可以被教育成彬彬有礼的孩子，别的孩子为什么不能呢？于是，我向梓涵的妈妈请教这个问题。

一问才知道，梓涵的妈妈是空姐，由于自己职业的原因，是一个非常有礼貌的人。在家里也是言传身教，所以梓涵耳濡目染，从小就很有礼貌。

问过梓涵的妈妈之后，我明白了，千言万语不如自己亲身示范。要想孩子懂礼貌，除了天天教他怎么说、怎么做，不如让他看看妈妈怎么说、怎么做。但我不是从事服务行业，在礼仪方面也不能像梓涵的妈妈那样规范，大概也无法把果果教得像梓涵那么好，但是我也不贪心，有那一半就好了。

平时在我们家里，大家基本都不会说“谢谢”“对不起”之类的话，没有那个意识，也觉得没那个必要。一家人何必弄得那么客套呢？但是为了教育果果，我跟果果爸还有爷爷奶奶都说好了，我们在对果果的态度上，可以客气一些。

比如他帮我们倒水了，我们就要跟他说“谢谢”；把他的玩具碰翻了，就必须对他说“对不起”；出门的时候要和他说“再见”……经过一段时间的熏陶，果果果然进步不少，说起话来也礼貌多了。

上了幼儿园之后，果果接受老师的教育，礼貌方面更有进步，有时候表现得还真像个“小绅士”呢！不过我发现，他还是很善于模仿，有时候不知从哪里学来一句脏话，他自己并不知道那不好，就是觉得新鲜，回家顺口就说出来，我跟他说那是脏话，不能说，他才不说。

通过这些，我还真是体会到环境对孩子的影响作用有多大，就更加注意提醒自己和家人，在果果面前说话、做事都要注意，一不小心说了不礼貌的话、做了失礼的事，就会被他模仿去了。学起来容易，想让他改掉就困难一些了。

我们身边的不文明现象

我们都感受得到，现代社会是一个开放的社会，人与人之间的交往是频繁的。而良好的礼貌习惯是人际关系的起点，一个没有礼貌、举止粗俗、不尊重他人的人，在工作中很难获得同事的尊重和友好合作，在生活中也不易获得友谊和自信，因此往往缺乏幸福感。所以，教孩子从小懂礼貌、讲文明对他以后的成长和发展都是有益的。但是我经常看到一些父母的不文明行为。

在风景区里，一对夫妇在孩子面前一边吃着瓜子一边坐在雕塑上谈笑风生，在他们的身边，撒落了一地的瓜子壳、果皮和饮料瓶；一个孩子把嚼过的口香糖用纸包好要爸爸带着去找垃圾桶，可是爸爸从孩子手里拿过口香糖，旁若无人地丢到旁边的草丛里，“老师说不可以随地扔垃圾！”孩子依然想捡起来投进垃圾桶，却被忙着看风景的父母拖走了。

一个妈妈带着三四岁的孩子逛街，孩子想上厕所了，妈妈图方便，让她在路边解决；一位妈妈带着刚刚放学的孩子乘车回家，到中途旁边空出两个座位，没等旁边的乘客反应过来，妈妈便把儿子按到空出的座位上坐下，自己则迅速坐到后边的座位上，丝毫没有顾及旁边还站着一位老年人；某学校门前主干道两侧的人行道上，停了好多辆送孩子的车子，熙熙攘攘的人潮、车流一度将门前道路塞得水泄不通，有些车辆在离开时为了抢先一步而互不相让……这些场景几乎每天都在上演，也就是说我们的孩子每天都会看到种种不文明的行为。

每个妈妈都希望自己的孩子是一个有礼貌、有教养的孩子。从这个意义上说，妈妈应该时刻为孩子做榜样，言传不如身教。这些不文明的行为不仅有违公德，也可能让我们的孩子学到不该学的行为习惯。

要想培养有礼貌、懂礼仪、有公德心的孩子，我们也得先做有礼貌、懂礼仪、有公德心的父母。一些看似微不足道的小事，可能给孩子幼小的心灵带来极大的影响。因此，我们先检讨自己：在与人交往的过程中，礼貌用语是不是常用？在公共场所里，有没有大声喧哗，有没有遵守公共秩序、礼让他人？邻里之间是不是礼貌相待？我们自己做好了，孩子自然会受到正面的影响，正所谓“其身正，不令而行”。

没有规矩不成方圆
——为孩子树立遵守规则的榜样

在家里，父母不要因为自己是规则的制订者就可以不用遵守规则，那会让孩子找到不守规则的理由。

一个让孩子难为情的妈妈

那天和果果一起去超市，看到一个年轻的妈妈带着七八岁的儿子也推着购物车在选东西。到了摆放水果的地方，不少人在挑选特价的苹果。这个年轻妈妈也想买苹果，就对孩子说："儿子，你快去挑！挑大的，妈妈去拿购物袋。"只见妈妈边说边飞快地跑去拿购物袋。挑苹果的人很多，把整个摊子围满了。小男孩有点儿不知所措，就站在人群后面等着。当妈妈拿着购物袋返回时，小男孩还站在那里。

他妈妈不满地问道："不是让你先挑吗？你怎么还站着呢？"

小男孩看着妈妈说："人太多，我们等会儿吧！"

他妈妈不满地看了一眼儿子，说："看你这孩子，怎么这么老实，挤进去不就行了，过一会儿好的都被挑完了！"她边说边用力挤了进去，并把小男孩拖到自己的身边。

周围的人有点儿不满，有人说："别挤，该有个先来后到吧！"小男孩有点儿不好意思地看着他妈妈。可是他妈妈没时间看他，自顾自地挑着苹果，捏捏这个，摸摸那个，没看上的就扔到一边，可能用力太大，把一个苹果丢到了地上。

小男孩提醒他妈妈："您小心点儿，扔地上了。"说着想蹲下去捡起那个苹果，可是人太多，苹果不知道滚到哪里去了。他还想找，被他妈妈喝止了："还用你捡吗？超市那么多服务员干什么的！你来帮我挑挑，真是不知道帮忙！"于是小男孩就帮着妈妈挑苹果。

挑好了，这个妈妈带着小男孩去称重处。看到前面有十几个人在排队等着。妈妈对孩子说："儿子，你去前面让人帮你先称一下，你年龄小，别人不会说你的。"

小男孩看了看排好的队伍，扭捏着不愿意去。这时候妈妈又发话了："这么多人，排队得等到什么时候，你还说下午去游乐园呢！"于是小男孩红着脸，很不好意思地插到队伍前面。

这时候后面排队的人不愿意了，有人喊着："小朋友，到后面去排队！"

售货员见他小，就对后面的人说："大家让一下吧！让这孩子先称，拿着这一大袋子苹果怪重的。"说着就帮他称了。

小男孩更不好意思了，拿着称好的苹果气愤地扔到妈妈手上，飞快地跑开了。他妈妈有点儿得意地笑着说："看这孩子，脸皮怎么这么薄呢？"

和我一起的果果也看到整个过程，他对我说："那个哥哥为什么不排队呢？"

我说："他妈妈叫他不要排队。"

果果又问："为什么他妈妈不让他排队呢？"

我说："他妈妈不守秩序，不是个好妈妈。"

果果接着问："为什么他妈妈不守秩序呢？"

"十万个为什么"又开始了。我觉得这也是我想问的问题，为什么她不守秩序，还让自己的孩子这么难堪？这样的事情做多了之后，那个现在还知道不好意思的小男孩会不会也慢慢对这种事情习以为常，不再感到不好意思？

规则不仅约束孩子，也约束大人

上车要排队，银行办事要排队，一些人多的公共场合都需要排队，这就是基本的社会规则。违背这些规则，虽然不违法，但可能被视为没有修养，会被人看不起。如果养成习惯，则会漠视规则，最终漠视法律法规，走上违法犯罪的道路。我们都希望孩子是个懂规矩、守规则的人，从短期来看是希望能让孩子有教养，从长远来看，是希望孩子有遵纪守法的意识。

我想，要想让孩子养成守规矩的好习惯，妈妈首先要以身作则、遵纪守法，不要在孩子面前成为违反规则的一个负面榜样。但在生活中，我们很多人都忽视了这一点。很多时候不是我们在教育孩子，反而是孩子在教育我们。

比如，早晨送孩子上学的路上，爸爸妈妈们赶时间，于是过马路也不走斑马线了，看到是红灯还是带着孩子往前冲，遇到栏杆不愿意绕行，直接就翻过去，然后将还翻不了栏杆的孩子抱过去……这种事情几乎每天都在发生。

孩子们在学校学习“红灯停，绿灯行”，但是在外面，爸爸妈妈不按照老师教的那样做。小一点儿的孩子可能会困惑，会提醒爸爸妈妈；等孩子大了，有的孩子可能就对此习以为常，自己也常常不遵守交通规则；有的孩子有了是非观，会觉得自己的爸爸妈妈怎么是这样的人，会打心眼儿里看不起自己的爸爸妈妈，父母的权威就不复存在，想要教育孩子也就难了。在家里也是一样。比如，我们希望孩子能保持家里的干净整洁，规定孩子的玩具不能随意乱放，否则就要罚当天不能看电视。但是我们自己把报纸杂志随手一扔也不管。孩子肯定会不服气，为什么大人可以乱扔东西，自己却不可以呢?

有一次，在超市碰巧听见几个小朋友谈话，其中一小朋友跟同伴说：“告诉你们，我爸爸特别厉害，前几天从这里带出一袋开心果没有付钱！”其他小朋友都敬佩地说：“哇，你爸爸好厉害啊！”我听了真为这些孩子担忧，所谓“上行下效”，这些孩子从父母那里学的这些行为，如果“发扬光大”，那社会又多了一些不安定分子了。

要想让孩子守规矩遵法纪，我们必须首先做到。只有这样才有资格教育孩子，当孩子不守规矩的时候，我们教育起来才能理直气壮，说出的话也才有说服力。

第6章

适时放手，妈妈更省心

讲清原则和方向，让他自己看着办

请相信，孩子得到自由后不是为所欲为，而是更愿意遵守规则。

换个方式约束他

有时候觉得果果就是上天派来跟我作对的。让他不要做什么，他偏要做什么。每当遇到果果执拗地坚持己见不听我的话，我就很容易气急败坏，最终自己气得不行，果果也十分委屈。其实我也想做个优雅的妈妈，凡事都对他轻声细语，可是事到临头，我总无法控制住自己的脾气。

我跟果果的姑姑诉苦，她告诉我说不要把孩子管得太紧了，越管越叛逆，所谓“哪里有压迫，哪里就有反抗”。果果已经到了懂事的年龄，即使我们不那么管着他，他也不像我想的那样为所欲为，而是懂得遵守规则的。我半信半疑，心想找机会试试吧！

在我们家，对果果用计算机是严格控制的。平时不让他用，除非在我们陪同下看看动画片之类的。那天果果去叔叔家玩，和堂弟一起在计算机上玩游戏，回到家似乎意犹未尽。晚上，果果赖在爸爸身边，缠着爸爸给他找堂弟家的那种游戏一起玩。爸爸说要玩可以，但只能玩半小时。果果一听半小时就不愿意了，非说要玩1小时。

我在一旁第一反应就是不让他爸爸给他找游戏，但突然想起果果姑姑跟我说的话，就想着试验一下，给他一个选择的余地。我就说："果果，这样吧！如果想和爸爸玩游戏，那就只能玩半小时；如果想玩1小时，就会伤眼睛，还会耽误睡觉，那妈妈就不允许你今天晚上玩了，你好好想想吧！"话说完了，果果不但没着急，反倒是一副思索的表情。

过了一阵子，果果说话了："那我就玩半小时。"我答应了。于是父子两人就挤在计算机前，嘴里还嘟嘟囔囔、嘻嘻哈哈，玩得不亦乐乎。时间到了，我提醒他们。爸爸建议关掉游戏窗口，果果表现得很不情愿，非要再玩一次。我提醒他事先的约定，果果就主动关掉了屏幕。

这件事又让我受到了启发。每个人都不喜欢听别人替自己做选择，孩子也不愿意，而且孩子慢慢长大了，有能力对自己的行为做出选择，那么我们做父母的就应该给他更多自由选择的机会。经过孩子自己思考做出的决定，他也会更愿意去执行。

给他自由，教他自律

玩游戏事件之后，我经常抓住各种机会给果果更多的自由。就像他姑姑说的一样，果果已经是一个可以自己思考问题的孩子了，虽然很多时候还需要我给他讲清事情的利弊，但是他能够在遵守规则的前提下，根据自己的意愿去行动了。

教育家蒙台梭利曾说过："真正自律的品格不是来自于严加控制和惩罚，而是来自于尊重和自由。"在我的试验中也完全证明了这一点，如果一个孩子得不到足够的自由，他也很难真正自觉遵守纪律。即便孩子迫于外在压力遵守了纪律，当这个压力消失后他就会变得更加放任。

比如对日常生活的安排，如果我们给孩子安排好了几点起床、几点吃饭、几点做作业、几点练钢琴、几点睡觉，让孩子按照这个时间表来行动，那么孩子可能永远不会自律。只有我们把安排这些事情的自由权交给孩子，让孩子自己做主、自己负责，才能产生真正的自律。

孩子可能一开始按照自己的意愿安排，把一天的生活搞得一塌糊涂。比如早上起床晚了，导致无法好好吃饭，上学也迟到了，上午肚子饿得咕咕叫。这时候我们不要着急，也不要教训他，因为很快他就会根据实际需要来调整自己的安排了。很多时候，不是孩子不行，是我们做父母的不相信他可以做到。

当然，给孩子自由并不是完全放任自流。所谓的自由，必须是在一定规则下实施的。当孩子年纪还小时，缺乏应有的常识，也缺乏足够的自我约束力，大的原则和方向是我们应该帮他把握好的。比如不能让他置于危险的环境，不能让他伤害他人、破坏环境，要懂礼貌、遵纪守法等。正如蒙台梭利所说："我们要让孩子学会辨别是非，知道什么是不应当的行为。如任性、无理、暴力、不守秩序及妨碍团体的活动都要受到严厉的禁止，逐渐加以根绝，必须耐心地辅导他们，这是维持纪律的基本原则。"

只不过我们在让孩子懂得遵守规则的必要性的时候，不能强硬地要求他遵守，而最好是通过实例或者活动来让孩子体会，让他知晓利害关系，自愿遵守。

给孩子一些“无所事事”的时间

妈妈允许自己的孩子有一些可以自由支配的，甚至什么都不做的时间，这样自己和孩子都可以享受一段轻松惬意的时光。

不妨让孩子的假期闲下来

记得小时候我最喜欢寒暑假了，因为漫长的假期除了做完老师规定的作业就没有其他的任务了，可以自由玩耍。小伙伴们一起三五成群地玩乐，整个巷子都会比平时热闹很多。大人们自己要上班也顾不得我们，有时候玩得饭都不回家吃。一到吃饭时间，大人们就满巷子叫自家孩子回家吃饭。那是多么快乐的时光啊！

可是等我的果果上了学，我发现暑假真是难过的一段时间，他一放假我就烦恼。因为两个多月的时间，不知道怎么给他安排，才能让他有所收获，还要让他愿意配合我。

我认为最好的选择就是给他报一个辅导班，一方面其他孩子都利用这段时间学习，果果也不能落后；另一方面，参加辅导班，我就不用担心各种问题，比如他自己出门玩或者参加活动的安全问题，在小区玩耍的时候还会和小朋友发生各种冲突，需要大人去帮忙处理等。

又一个暑假开始了，我给果果规划的是要报两个学习课程，一个是英语课，一个是才艺课，才艺课我打算让果果自己选择学什么。他选择学画画。于是每天上午他上英语班，下午上绘画班。每天早上还是要和平时一样早起，由奶奶负责送到上课地点，中午奶奶接他回家吃饭，下午再送去上绘画班，晚上我下班顺便把他接回家。

突然有一天，晚报上有一则消息让我直冒冷汗："7岁男孩刘子睿在妈妈和奶奶的陪同下为了赶上课，将一块煎包呛进气管。8个小时左右，刘子睿被送到医院急诊室，虽然经过3个多小时的抢救，最终还是离开了人世。"我为这个和果果差不多年纪的孩子感到惋惜和痛心。

这个事件只是一个偶然，每天早上那么多孩子为了上课赶时间，出事是小概率事件。但是这种小概率事件一旦发生在谁的身上，那就是一辈子的追悔莫及。

我开始反思，为什么我们要这样对待孩子呢？为什么他不能像我们小时候那样自由自在到处玩乐呢?

我把果果叫到面前，问他："如果明天不上课，你要做什么呢？"果果显然没有想过这个问题，沉思了片刻，告诉我："那我什么也不做，在家里玩。玩够了再写暑假作业。"说着，他看着我："妈妈，明天我真的可以不去上课吗？"我点了点头。小家伙欢呼雀跃，跑去告诉奶奶："奶奶，奶奶，我明天不用上课喽！"

接下来的半个暑假，果果充分闲下来了。平时他就在家玩、写作业，有时候跑到小区和小朋友玩游戏，因为同龄的孩子基本上都在上课，他就成了孩子王。有时候陪着奶奶去超市和菜市场，周末我和他爸爸有空，就会带他去远一些的地方玩。我感觉他从来没这么高兴过。

孩子闲下来了，我也轻松了很多。想来，之前都是我在束缚他，也在束缚自己。

生活需要"无所事事"

想想自己是不是有那种什么都不想做的时候，什么都不做，躺着或者坐着发发呆就很好。可是孩子们的日常生活往往被大人安排得满满的，甚至如果一天不安排他们的活动，父母就会感到不自在。其实，孩子也需要有什么都不做的时间。

对大人来说，什么都不做其实是一种休息和能量储备。对孩子而言也是如此。他们平时在学校里学习已经承受了很大的压力，也需要有时间“逃离”。之所以有寒暑假，就是遵循了“一张一弛”的教学规律。教育专家也早就说过，过多、过早地开发孩子智力，会使他们早早失去童真、童趣，失去人生中最宝贵的东西。同时，也会抹杀孩子的独立精神和创造性，这对人才的培养是很不利的。

对父母而言，为孩子安排活动，无时无刻照顾自己的孩子，甚至连孩子玩的时间都要在自己的掌控之下，也是非常辛苦的事情。我们何不留一点儿时间给孩子，让他们在独处中挖掘发现；留一点儿空间给孩子，让他们在玩中学、学中玩，在娱乐中延伸思考；留一点儿空白给孩子，让他们去超越自己的梦想，这样的“虚度”光阴又有何不可呢？

创造一个不容易犯错的环境

很多时候，孩子犯错都是环境所致。与其犯了错误再纠正，不如为他创造一个不容易犯错的环境，减少他犯错的概率。

遇到一个不看电视的孩子

有一次和好朋友一家吃饭。他家女儿才3岁多，看起来乖巧可爱。有孩子的人聚在一起总是很自然地就说起孩子的教育问题了。这位朋友开玩笑地说："要说教育孩子，真是辛苦，为了她，我们家已经两三年没看电视了！"

我很好奇，因为我家果果喜欢看电视，我们怕他视力受损，也怕他迷上电视以后耽误学业，规定他每天只能看半小时。可是有时候趁我们不注意，他就自己跑去看了。

我问他："你家女儿应该会自己开电视了吧！她不会偷偷

看吗？”

朋友笑着说：“我们家电视早就卖掉了，女儿不到1岁我就把电视处理掉了。那时候听说小孩子看电视有很多害处，不想让她看，可是电视放家里，大人也忍不住要看，于是干脆给卖了。”

“那她和别的孩子玩的时候，人家都说奥特曼之类的，她会不会不知道？”

“确实有很多动画片别的孩子都看过，她不知道的。不过我们天天给她讲故事，她现在自己也会看图书了，知道的也不比别的孩子少。”朋友语气里充满了自豪。

我听了很惭愧。我经常因为果果迷恋电视而对他发脾气，奈何电视的吸引力太大了，我的训斥也不能阻止他对电视的热爱。可是我从没想过把电视给处理掉这种釜底抽薪的办法。主要还是因为我们大人也喜欢看电视。

不仅仅是电视，还有计算机。因为怕果果迷上计算机游戏，也怕长时间用计算机伤眼睛，我们基本上是不让他用计算机。可是计算机放在那里，我和他爸爸每天都会打开，他就忍不住要去玩一下。

再仔细想一想，其实很多时候果果做的错事是可以避免的。比如对我撒谎，多半是因为我之前对他太严厉，害怕我教训他才说的，他对奶奶就很少说谎话；比如吃饭打坏碗，如果我给他准备一个专用的塑料碗是不是就没事了；比如打翻了水壶，如果我们把水壶放在他拿不着的地方也就可以避免了。

这些都还是小事，严格说来并不算是错误，后果也不是很严重。那是因为果果还小，没有机会犯大的错误。那么等他长大之后呢？我想起如今社会上有些孩子上网成瘾，有些过早恋爱，有些拉帮结派、打架斗殴，走上了违法犯罪的道路，其实大都是环境惹的祸。

孩子犯错不能避免，但可以减少

每个人在成长的过程中都会犯错，可以说不犯错就不会成长。孩子犯错更是不可避免的。犯了错误，意识到错误，然后改正错误，以后遇到同样的事情不再做错，这就是一个进步的过程。因此有些人甚至呼吁，父母们要多给孩子一些犯错的机会。

我不否认有时候孩子犯错对他的成长是有利的，但是孩子犯错不是多多益善，不应该去鼓励犯错，更不应该去诱导孩子犯错。因为孩子做错事之后，我们父母不能坐视不管，我们会去教育他，严重的时候会去惩罚他，那么在这个教育和惩罚的过程中，稍微操作不当，就会对孩子的心理或者身体造成一定的伤害；如果这个错误够大，甚至会给孩子一生造成不良的影响。如果通过一些努力，可以让孩子更顺利地走下去，为什么一定要去犯错呢？

偶然的机会看到李开复教育孩子的经验，和我想的不谋而合。他写道："在我为人父之后，觉得任何的惩罚都尽量不要做。我宁愿让她没有犯错的机会，而不是让她犯错、被发现，然后受到惩罚。……宁愿营造一个环境，让孩子没有机会犯错。比如说，我们会把电脑放在厨房、餐厅、客厅中间，每天我跟太太总有一个人会在这三个地方走来走去。这并不是监视她，我们也不会走到她面前，看她正在做什么事，但她知道我们在她旁边。"

作为父母，如果有办法减少孩子犯错的概率，就一定要去做。我们责怪孩子是电视迷、游戏迷，其实错不在孩子，而是我们自己。是我们让他们接触到这些东西，是我们让他们察觉到里面吸引人的东西并且欲罢不能，是我们没有给他们提供更有吸引力的东西转移他们的注意力。孩子其实是无辜的，因为他们还小，对其中的危害知道得很少，甚至根本没有意识到。

我看到有一本书叫作《孩子的错都是父母的错》，这种说法虽然有些夸张，但所表达的意思对我们父母有警示作用。孩子的错虽不全是父母造成的，但父母应该对孩子的小错负责，社会应该对孩子的大错负责。与其等到孩子犯错了再责怪他、惩罚他，不如防患于未然。这样我们少了责罚他们的烦恼，孩子也少一些因为犯错而受责罚的不愉快经历。

让后果来惩罚他的错误

在纠正孩子错误的时候，让孩子“自食其果”会有很好的效果。

不写作业后果很严重

果果上小学后，每天放学回家我就要督促他写作业，写完之后帮他检查，指出错误，讲给他听，然后他进行修改。基本上天天如此。

我觉得很辛苦，更生气的是果果经常不按时写作业，总是要磨磨蹭蹭、拖拖拉拉。回家先要吃东西，然后要看一会儿动画片，吃完饭我再提醒他，他没借口了才开始写。写完我检查，如果有错的话他还要改，这样磨蹭着写完作业都该睡觉了。我自己就一点儿空闲时间都没有了。

可是不督促他行吗？不帮他检查行吗？显然不行，因为不督促他，他就会忘记写，不检查他就可能错得一塌糊涂。有什么好方法可以让他主动写作业呢？我迫切需要找到这样的方法，好把自己解救出来。

我在网络上搜寻怎么让孩子主动写作业的办法，却无意中找到一个孩子写的作文，题目叫《我忘记写作业了》，这个孩子描述了她没写作业的情景：

星期一早上，我看见同学交作业，我也把一本没做的作业交了上去，当老师批改完作业发下来，我打开一看，里面一片空白，一个字也没有。这时，我才如梦初醒。啊！我忘记做作业了。我看着老师在上面用红笔写的“4.14”这个醒目的数字时，我的脸一下子变得通红，而且发烫，好像有几千只蚂蚁在咬我。虽然老师没有当着全班同学的面批评我，但我的心里比被老师指责还要难受。

放学回到家，我直奔房间，第一时间把忘记做的作业给补上了。这时，妈妈从外面走进来，看了看我桌子上的作业问我：“是不是忘记做作业了？”我不敢看妈妈的眼睛，低着头小声说：“是，我现在正在补做了。”妈妈什么也没说，就去做饭了。

吃过晚饭，妈妈叫住我，轻声细语地对我说：“琪琪，要记住学生是以学业为重，不是以玩为重，一定要认真完成每天老师规定的各科作业。我希望你这是第一次，也是最后一次。”听了妈妈的话，我觉得更惭愧了。我一定要改掉贪玩这个坏习惯，以后认真完成各科作业，而且要做对、做好。

看了这个我有了主意：让果果也尝尝没写作业被老师批评的后果！说不定他也会像这个孩子一样，有一次教训之后就主动写好作业了。

那天晚上我没有督促果果写作业，还偷偷和家里人说了一遍：“今天大家都不要管他作业的事。”果果吃完零食看电视，看完电视就吃饭，吃完饭见我拿着报纸在看，他也拿出漫画书看得津津有味。9点多该睡觉了，我提醒他。他放下书洗漱准备睡觉，突然想起什么，焦急地对我说：“糟啦！妈妈，我还没有写作业！”“啊？”我装作也很着急的样子，“那怎么办？”“我这就写！”说完他掏出书本、文具，忙碌了起来。

我还以为他忘记了，现在居然想起来了。那要不要按照原计划进行？看他着急的样子真是不忍心不管他。不过我还是狠心没理他，他爸爸要去陪他也被我制止了。我对他说：“爸爸妈妈先睡觉了，你要不别写了。”他快要哭了，说：“不行，老师会点名批评的！”“哦，那你继续写，我们睡了！”我怕他真的哭起来，赶紧拉着他爸爸回到卧室。

大概过了半小时，果果写完了，他敲门叫我帮他检查。我说：“妈妈睡觉了，这次的作业就不检查了。你快睡觉吧！”

第二天放学回家，他的第一件事果然就是写作业。我问他：“昨天的作业，老师批评你了？”他红着脸点了点头，我说要看看，他用手捂着不让我看，看样子错误不少。

他写完还是拿过来让我检查，我看比之前认真多了。我问果果：“如果妈妈不逼你写作业，让你随便看电视和玩游戏，你自己想什么时候写就什么时候写好不好？”他想了想，对我说：“不好，作业写不完老师会批评。如果考倒数第一会很丢人。”

“自然惩罚法”

经过这件事，我学会了一种新的方法，教育学上称为“自然惩罚法”。它是法国教育家卢梭提出来的。具体说来，就是当孩子有过失或犯错时，父母不给孩子过多的指责，而是让孩子自己承受行为过失或者犯错带来的后果，使孩子在承受后果的同时感受到不愉快的心理体验，进而引起孩子的自我悔恨，这样孩子就能自觉地弥补过失，纠正错误。

比如，孩子把衣服撕破了，你就不帮他换新衣服，让他穿破的，他下次就不会再撕破衣服了；如果孩子把房间门窗的玻璃打破了，你就不帮他安装新玻璃，让他受冻，下次他就不再打破房间门窗的玻璃了。

通过试验，我觉得这真是一个好方法。孩子犯错了，如果我们责罚他，他可能会委屈，但是让后果惩罚他，他就不会感到委屈，因为那是他自己造成的。因此它可以使孩子和父母避免冲突。另外，采用这种方法会让孩子印象深刻，自觉改正缺点的可能性大大提高。不过，妈妈们也要把握好这种方法的适用范围，如果后果给孩子或者他人带来危害，那就万万不能用这种方法了。

讲道理，找个合适的时机很重要

在教育孩子的过程中，碎碎念的妈妈是最不受欢迎的。所以我们要找到方法，说最少的话，发挥最大的效用。

改掉爱吃零食的坏习惯

在教育孩子的时候，有一句很实用的话，“动之以情，晓之以理”，尤其是“晓之以理”。我们总觉得孩子不懂事，需要对他讲的道理也太多了。不管遇到什么事，都会给他说一大堆道理。但是随着果果自我意识的增强，这种说理的作用显得越来越弱了。有时候，我说一句，他有十句在等着反驳，有时候干脆没有任何反应，让我很受打击。

比如果果爱吃零食，睡觉前还嘴馋了要吃东西。我总是苦口婆心地跟他讲吃零食危害多，会变胖、会有蛀牙，但他还是照吃不误。其实这也怪我，如果不买零食放在家里不就可以了吗？可是又觉得家里不常备点儿吃的还叫家吗？因此，以下场景经常发生在我家：

晚上，果果已经上床了，还大声叫我。我过去问："有什么事？"

他嬉皮笑脸地说："妈妈，我饿了，想吃东西。"

我说："你总是不好好吃晚饭，这会儿又要吃东西。睡觉前吃东西多不好，会变胖，再说你已经刷牙了。"

果果说："我以前吃那么多也没有变胖呀！刷牙了怕什么，我吃完了再刷一遍！"

我说："你看看现在的时间，已经9点半了，吃了睡不着觉。"

他说："没关系，我不困。"

我知道他不是因为饿，是嘴馋了，就不想让他吃。于是我坚持说："你现在快点儿睡吧！吃了东西就会睡得很晚，明天早晨起不来，上学就会迟到。"

果果依然很坚持："不吃东西我睡不着，妈妈！明天早上您负责叫醒我就好了！"

我没有办法了，只好给他拿吃的，还要看着他刷牙，再睡觉。

就这样，爱吃零食的坏习惯持续着，终于有蛀牙了。我带他去医院看牙医，碰到前面有个小朋友要拔牙，可能是害怕，那孩子不肯进诊疗室，他妈妈拽着他往里面拉，他用手死死抓住门框，边哭边喊："我不拔，呜呜，我不要拔……"这哭声弄得在场的孩子都很紧张。果果也不例外。

我一想，机会来了，就对果果说："你看到了吗？经常吃零食牙齿都会坏掉，医生会把坏掉的牙齿拔掉，多可怕。"

果果看到了严重的后果，对我保证："妈妈，那我以后再也不吃零食了！"

我知道他有所触动，对他说："吃一点点没有关系，吃多了就不好了。"

可能这个拒绝拔牙的孩子给果果留下了深刻的印象。从那次之后，果果对吃零食显得比较谨慎。每次要吃零食都要问我："妈妈，我可以吃吗？""妈妈，这个吃了牙齿会坏掉吗？"如果我说不能再吃了，他就真的不吃了。

如何寻找最合适的时机

事实证明，对孩子"晓之以理"一定要看准时机，否则说理效果会大打折扣。一般来说，妈妈们要抓住以下机会：

◎有事实佐证自己道理的时候

上面所说利用拔牙事件教育果果就属于这种情况。给孩子讲道理，就好像我们写论文，只有论点是远远不够的，还得有论据，如果这个论据是发生在身边或者就发生在自己身上的例子，那会更有说服力。否则，孩子就不会意识到我们所说的道理到底哪儿有道理。

◎孩子心平气和的时候

孩子和大人一样，情绪好时比较容易接受不同的意见，不高兴时则容易偏激。跟孩子讲道理，要充分了解孩子的情绪状况，在其情绪较好时，对其进行教育，若在孩子情绪低落或者情绪激动时跟他讲道理，是不会奏效的。

◎孩子做错事自知理亏的时候

无数事实证明，孩子的成长过程就是一个犯错、改错的过程，而犯错的过程就是教育孩子的最佳时机。因为只有在犯下错误的同时，孩子才更有可能深刻地去理解更多的人生道理。因此，在孩子做错事后，妈妈可以趁此机会帮助孩子去分析错误，引导孩子面对错误，最终改正错误，进而达到教育的目的。

◎孩子按照你的说法取得成功的时候

当孩子按照妈妈讲的道理或者方法取得一定成绩的时候，他们的情绪都会比较高涨，自信心也会比平常更足。妈妈要善于抓住这个时机，强化之前教导孩子的道理和方法，并且在肯定和鼓励的基础上，给孩子提出新的目标和要求，引导孩子继续努力。

比如孩子按照妈妈教的方法检查作业，结果连续一个星期作业都得了“优”，获得了老师的表扬。这时候，妈妈就要及时强化，让孩子知道掌握正确方法的重要性，还可以趁此机会多教一些方法给他。

用对批评和表扬就会事半功倍

在教育孩子的过程中，批评和表扬必须有，但怎么实施，就看当父母的智慧了。

如何表扬孩子才有效

批评和表扬应该是妈妈们用得最多的教育方法了。不过常用并不代表会用，对此我深有感触。比如同样是表扬，有时候会让果果很高兴，表现更好，有时候却没有什么反应。同样是批评，有时候会让他很委屈，有时候会让他很愤怒，有时候却能让他虚心接受意见改正错误。这就让我不免有点摸不清他的脾气。

在和很多妈妈交流之后发现，大家都有各式各样的困惑，也有各式各样的经验和方法。如何更好地发挥批评和表扬的作用？我发现这里还有一些规律性的知识可以应用：

◎表扬的方式要与时俱进

果果刚能听懂话的时候，表扬起来很容易。比如他会自己拿汤匙吃饭了，我们只要亲亲他，说：“果果真棒！”“果果最聪明了！”他就会很高兴，会更认真地拿着汤匙吃饭。等到他大一点儿了，这一招作用就不明显了，因为在幼儿园听了太多“太棒了”之类的表扬，已经形成了“免疫力”。这时候要表扬他，就要稍微多说点儿，比如他帮奶奶倒茶了，要表扬他的话，最好说：“果果真懂事，知道帮奶奶倒茶了！”

◎有了值得表扬的事才表扬

这一点我自认为做得还不错。但是很多妈妈养成表扬泛滥的习惯后，无论孩子做什么都要表扬。有妈妈跟我说她家宝宝的事：宝宝堆积木，总是堆不好，每当这时，她就像书上写的“对宝贝一定要表扬，这样容易建立他的自信”，于是就算孩子没堆好，她也尽量地表扬他，对他说：“宝贝你真棒，你堆的东西妈妈都喜欢。”这样其实不好，在孩子真的做了值得表扬的事情时，表扬才会发挥出应有的作用。

◎做了值得表扬的事要立即表扬

孩子做了值得表扬的事情，一定要及时表扬。事实证明，及时表扬要比拖到热情度消失后再表扬要有效得多。比如有一次，果果在幼儿园跳绳比赛时，拿到了班上的第一名。放学一见到我就迫不及待地给我看他的奖状，我当时急着接他回家，来不及细看他的奖状，就跟他说："我家果果最棒了，先回家再看奖状吧！"果果明显就有点儿失望，回家之后我让他把奖状拿来给我看，没想到他已经没有刚见到我时那样兴奋了。

◎必要的时候来点儿物质奖励

妈妈们常用的口头表扬属于精神奖励的范畴，对孩子能有很好的激励作用。如果偶尔来点儿物质奖励，效果会更好一些。比如帮助妈妈摆一次碗筷，奖励孩子吃一个冰淇淋。奖励孩子的时候也需要给孩子讲清楚奖励的原因，让孩子知道今后应该怎么做，而不是仅仅知道索取奖励。但物质性奖励不是多多益善，家长使用起来一定要慎重，以免让孩子单纯为了得到物质奖励而去做事。

批评声也可以很顺耳

说完表扬，再说说批评。孩子们都不喜欢受到批评，但是不批评怎么能让他知道自己做错事了呢？不批评怎么能让他改正自己的错误呢？所以批评必不可少。但是为了不让孩子对我们的批评产生抵触情绪，批评也有技巧。那就是尽量让批评声更顺耳一些，就像有人说的："最妙的是给批评穿上表扬的外衣，用表扬来完成批评所达到的目的。"在这一点上，果果的爸爸为我做了一次好榜样。

有一次，果果爸爸的老同学带着孩子来访。爸爸和老同学聊天叙旧，果果陪着小客人在他房间里玩，听歌曲、看绘本。后来，果果和小客人跑到客厅说想要看动画片，就看半小时就好。

老同学说："我家这孩子看电视上瘾了，有时候连作业都不写，说看半小时肯定会看一个多小时。"其实果果也爱看电视，我平时也常说他。我以为他爸爸会趁机教育他，没想到他爸爸说："我儿子能管住自己，通常说让他看半个小时他就看半个小时。对吧！果果？"我看果果显然有点儿不好意思，但还是点点头。然后他们就打开电视看起来。大概是有客人在，果果想维护自己的形象，看完一集动画片，就主动关掉了电视。

送走客人，果果爸爸表扬他说："今天你表现很好，很守信用，说看半小时就看半小时。如果你每次都能这样，爸爸妈妈就不会批评你了。"

果果不好意思地说："那我以后一定守信用。"

俗话说"忠言逆耳利于行"，但是孩子对于逆耳的话通常都不怎么喜欢听。我们不是为了批评而批评，而是为了让他们改正错误才批评他们。如果孩子对批评产生抵触情绪，显然就达不到让孩子改正缺点的效果了。所以在批评孩子的时候，还是要费点儿心。如果在批评孩子的时候，能够给良药放点儿糖，把忠言说得顺耳一点儿，相信教育效果会更加显著。

培养孩子“财商”先为他准备一个储蓄罐

当妈妈们为孩子没有经济头脑而烦恼时，不妨给他准备一个储蓄罐，让他自己学会理财吧！

有了储蓄罐之后

对于果果的零用钱，我一向给得很谨慎，每次给得都不多，大概他刚好够用的样子。因为我知道果果花钱没有节制。曾经我想培养他的理财意识，故意多给些零用钱，但不管给多少，叮嘱多少次要他节省，每一次他都会把钱一下子花完。于是我就不寄希望于他了。至于爷爷奶奶给的钱，我都统一收缴，不给他自由支配。

果果上小学之后，对于我的这一套“财务政策”颇有微词，曾经多次跟我说有的同学压岁钱都是自己保管，有的同学每天都有很多零用钱，如此等等，意思就是他想拥有更多的资金支配权。

跟其他妈妈交流的时候，她们告诉我，我这样的做法显然是落伍了，如今这个时代，父母们从小就要培养孩子的理财能力，这样他们才懂得珍惜父母的辛苦钱，也能学会如何开源节流，合理支配自己的财产。有几个妈妈一致建议我培养孩子的理财意识，可以从给他准备一个储蓄罐开始。

在果果6岁的时候，拥有了自己的“小金库”——一个大企鹅储蓄罐。我想他已经这么大了，应该有一定的自制力了，就每周给一次零用钱，数目不多但正常情况下可以满足他基本需求。我告诉他：“你可以拿它买玩具、买零食，也可以把它存下来，爸爸妈妈让你自己做主，但不会再给你买玩具和零食。如果你喜欢什么，就存下零用钱去买。”他似懂非懂地点点头。

刚开始的时候，他不出3天就花完了一周的钱，后两天想要吃零食也没钱买，我们也坚持原则不给他。大约过了一个月时间，他的企鹅还是饿着肚子。果果很着急，但也就学精明了，每次去商店，只选一样商品。这样每周还能剩下一些。他每周都要打开储蓄罐，清点他的财产，看着自己的钱一点点变多，他备受鼓舞。

有一回他告诉我，他想要一套图画版的《十万个为什么》，我觉得这是该鼓励的事，告诉他周末我就去帮他买。没想到他很骄傲地说："妈妈，我自己有钱！"看样子他从储蓄中获得了不少成就感呢！

自从有了储蓄罐，我发现他几乎不怎么需要我唠叨关于乱花钱的问题了。虽然这距离培养他的理财能力还有一段距离，但是我想能存钱也算是具备理财的基础了吧！

孩子财商高，妈妈更省心

财商（Financial Intelligence Quotient，简称"FQ"）一词最早是由美国作家兼企业家罗伯特·T．清崎在《富爸爸穷爸爸》这本书中提出的，是指一个人与金钱（财富）打交道的能力。随着社会的发展，越来越多的人意识到人们对金钱的态度、获取和管理金钱的能力，对于生活的富足和幸福影响非常大。因此，从小就开始培养孩子的这种能力就被列入教育的规划中。财商和智商（Intelligence Quotient，简称"IQ"）、情商（Emotional Intelligence Quotient，简称"EQ"）一起被教育家们列入了青少年的"三商"教育。很多学校都已经开设了理财方面的课程。

现在的孩子们大都比较"富有"，零用钱很多，妈妈们难免会为孩子花钱没有计划等问题担心。那么，我们不妨试试对孩子进行财商教育吧！结合我自己的经验，我觉得妈妈们可以从以下几个方面入手：

◎让孩子拥有属于自己的“私房钱”

要教孩子理财，必须有财可理。因此妈妈们要让孩子有一些可以自由支配的钱，这样也有利于培养孩子经济上一定的独立性。妈妈可以为孩子准备一个储蓄罐，或者去银行开立一个账户，让他享有专属权。

◎鼓励孩子合理消费

当孩子有了自己的积蓄，妈妈们可以鼓励他们花自己存下来的钱去买自己喜欢的东西，体会存钱带来的成就感。当孩子想买一些很有价值的东西，但是自己的钱不够时，妈妈可以资助一些，不至于使他的钱一次花完，保持他存钱的积极性。

◎让孩子体验到理财的乐趣

孩子在有了一些积蓄之后，妈妈可以教孩子怎样花钱更有计划，告诉孩子怎样合理支配零用钱。还可以给孩子订下一个理财的目标，让孩子体验到理财带给自己的好处。在孩子达到目标后可以给一些奖励，比如再多给一点儿零用钱、给孩子买样喜欢的礼物。孩子体验到理财带给自己的诸多好处之后，理财的兴趣就会增加，理财的行为才能继续下去。

当孩子把理财变成一种生活习惯之后，妈妈们就不用天天叮嘱他要节俭，也不用为给孩子多少零用钱而头痛了。

适时放手，给予孩子成长的机会

有时候有些事情不是孩子不能做，而是我们剥夺了他做事的权利；不是孩子让我们这么辛苦，而是我们自己让自己变得如此辛苦。

由背书包引发的思考

每天早晨我送果果上学时，都会替他拿着书包，过马路的时候一定要拉着他的手。其实他多次要求我把书包给他，他说可以自己背，还请求我让他自己过马路——因为他已经学习如何过马路了。可是我觉得那么大的书包对他这么小的孩子来说有点儿沉重，他自己背书包就会走得很慢；路上车来车往，他自己过马路会很危险，我不放心让他自己走。就这样，从他上小学以来，从没有自己背过书包，也没有自己过马路。

我观察过，早上7点多，路上很多送孩子上学的爸爸妈妈、爷爷奶奶，大多都是大人背着书包，拉着孩子的手，匆匆地往学校方向赶。自己背书包的孩子很少，自己去上学的孩子几乎没有。

我有时候想，是不是现在的孩子自理能力下降了呢？以前我们上学的时候，父母根本没有时间接送，都是一个大院里的孩子一起去上学，大的带着小的，家长们也很放心。不过那时候路上车没有这么多，那时候书包也没有这么沉重，更没有那么多骇人听闻的孩子被拐卖事件发生。这样一想，我也就心理平衡了，觉得帮孩子背书包、送他上学是理所应当的。

有一天早上起得有点儿晚，送果果上学再上班差点儿迟到，我就和同事抱怨每天接送孩子也是件辛苦的工作。同事很自豪地说："我女儿从上小学开始，书包就她自己背的，自己上学自己回来，难得一次让我帮忙背了一次书包，的确很重，但是回头想想，连这点儿事情都不能承担，以后还能承担什么呢？"我大为汗颜，我家果果还是男孩子呢！是不是也应该从小培养他的独立精神呢？

然后我就开始反思。替孩子背书包看似简单，却表现了我对孩子的态度——不放心、不放手。虽然果果现在还小，谈彻底放手还为时过早，但是如果不从小就开始有意识地培养他独立自主的精神，等到他长大了真正要独立处理各种问题的时候，会不会不适应？会不会还想着要依赖我去帮他解决？

他并不是依赖性很强的孩子，很多时候还是很希望自己去做事情的。但我总是不放心。比如每天晚上我都会为果果选好第二天要穿的衣服。他也想自己选择，我觉得他还太小，按照自己的意愿穿衣服，要么会冻着，要么会热着，而且搭配起来也不好看。所以他穿什么都是我做主。他也想帮我打扫房间，但是我觉得他打扫得不干净，也怕他弄脏自己的衣服，就不让他动手……

这样想来，我一方面希望他早点儿独立，自己的事情能自己做，好让我轻松一些，另一方面又因为觉得他做不好，阻止了培养他独立的能力。

适当放手，把自己解放出来

我给果果换了一个拉杆书包，这样我就不用担心书包太沉重导致他自己背不动了。拉着新书包上学的那天早上，果果很兴奋也很骄傲。我走在他身边，也比以往轻松了很多。我们边走边聊天，很快就走到学校门口。在去上班的路上，我想，等他上三年级了，就不再接送了，让他自己上学、放学吧！

很多父母对待孩子，常有一种不放心心理。觉得孩子再大，在自己眼里就是个孩子。很多事情都想帮着孩子做、帮着孩子选择。从小帮着孩子穿衣服，让孩子跟大人睡。孩子上学，帮着检查文具、书本，不让孩子帮忙家务。甚至长大了找工作、结婚，都要包揽下来。这样一来，父母都觉得太辛苦，觉得自己为孩子付出太多。但与此同时，父母的辛苦付出并没有得到应有的回报，相反，有的孩子接受得心安理得，有的孩子当父母稍微照顾不周，就怨声载道，大为不满。

这种不正常的现象，归根结底是父母一手造成的。因为他们从一开始，就剥夺了孩子锻炼的机会。父母什么事情都替孩子做了，慢慢地，孩子的好奇心和探索精神都被抹杀，变得懒惰、依赖、怕苦怕累、没有主见、不负责任。最终父母是吃力不讨好。

孩子能做的事，要早日放手让孩子自己去做。关键的选择，要让孩子自己去选，以便增加孩子的责任感和自信心。如果一次做不好，那就多做几次；如果不知道怎么选择，父母可以跟他说清利害关系。这样，减轻自己的负担后，父母就不再会经常为自己的辛苦心存抱怨了，会感觉轻松很多。孩子们得到了成长和磨炼的机会，也能体会到父母为自己做那么多事情的辛劳，会懂得感恩，懂得回报。真是一举多得。

偶尔失败，对孩子漫长的一生没有任何影响

当孩子做了一件失败的事情，妈妈不必紧张，这对他漫长的一生没有任何影响。

果果竞选失败了

新学期一开学，果果告诉我要举行班干部竞选，他也想参加。一年级的时候果果是体育委员，那时是老师指定的，可能是果果比较活跃吧！果果很把这个当一回事，据说也当得不错。这学期，孩子们之间都熟悉了。果果当班干部，我觉得对于培养他的领导能力和责任心都是很有好处的，所以对他想参加班干部竞选十分支持。

我上网看班主任发布的消息，这次竞选有20多个职位，从班长、副班长到各个委员以及各科科代表一应俱全，甚至还有午休

值班员和黑板“美容师”。让我不得不佩服老师们的用心良苦。

我问果果：“你是不是要竞选体育委员呢？”

果果犹豫着说：“我想当班长。”

我心想你目标订高了吧！就劝他：“还是竞选体育委员吧！”

他还是坚持要竞选班长。我问：“为什么呢？”

他说：“班长可以为大家做更多事情。”

我简直要对他肃然起敬，原以为他要说当班长更威风，能管更多事情呢！既然他的动机这么端正，我怎么好阻止他，怎么好打消他的积极性呢？当然要助他一臂之力了。

接下来的几天里果果放学回家，除了写作业，我就陪他练习竞选宣言。其实也很简单，这么小的孩子也不会写竞选稿，主要是介绍自己的优点，想好自己要是当上班长会怎么做之类的话。

那天下午我去接他放学，他见到我就哭了，说：“妈妈，今天我竞选失败了。”

我第一反应居然是：“看吧！我就说让你不要竞选班长，如果竞选体育委员肯定可以成功。”然后说：“不要紧，以后还有机会，不当班长还可以省不少事。”一路上果果都是无精打采，笼罩在失败的阴影中。

我为自己对他说的话感到后悔了。他对我诉说失败，而我呢？第一句话不是安慰他，反而有点儿责怪的意思。其实是我自己对这个结果也很在意，我也很希望他能竞选成功。

但事实上，竞选成功或者失败真有那么重要吗？对于果果来说，这是个很大的挫折，可能会让他对自己失去信心。但作为妈妈，我应该清楚，当不当班长可能会让他这一个学期的学校生活有一些不同，但是对他今后的人生道路，并没有决定性的影响。

所以，当他跟我说竞选失败的时候，我应该安慰他，告诉他努力参与就很好，没有竞选成功只能说明同学们觉得有人比他更适合那个职位，并不能说明他比别人差，在妈妈眼里他依然是个很棒的孩子。如果我当时这样说了，果果是不是就不会那么难过了？

告诉他失败没什么大不了

毫无疑问，每个妈妈都特别希望自己的孩子能成功，都不忍心看到自己的孩子失败，都希望孩子在成长的道路上能少走弯路。所以，当孩子遇到挫折和失败的时候，妈妈往往比孩子还着急，却没有想到如果孩子因为失败而伤心难过，妈妈的着急和责怪会让他更难过。这会让孩子害怕失败，使孩子承受失败的能力得不到磨炼，对自身的成长是很不利的。

人的一生中，谁能保证不失败呢？谁能保证不遇到挫折呢？既然我们成年人在生活、工作、事业中都会遇到失败，那么孩子为什么就不能失败呢？

我们害怕孩子失败，往往是因为我们只看到了失败的一个方面，把它看成是丢脸的事，却忽略了失败的价值和意义。父母应该有“失败即教育”的意识：孩子失败了，但是他获得了“痛苦的体验”，将来就知道如何去避免失败；同时，他也有了挑战困难的契机。孩子从失败走向成功的过程，就是一个磨炼自身、慢慢成熟的过程，他良好的心理素质和解决问题的能力会在这个过程中培养出来。

当孩子遇到失败挫折的时候，妈妈首先不要慌张。其实孩子所谓的失败，长远看来并不是那么严重的事情，但对此时此刻的孩子来说，却可能意味着很大的挫折。

妈妈首先考虑到的应该是安抚孩子受打击的心灵，不要漠视，更不要幸灾乐祸。当孩子需要倾诉和宣泄负面情绪的时候，妈妈要用心去倾听，让他说出心中的委屈和痛苦，使他得到及时的安慰和鼓励，并通过释放达到心理平衡。之后要帮助孩子分析和总结，和他一起回顾事情的过程，找到失败的原因，总结失败的教训，鼓励孩子再次去尝试。

如果果果再遇到失败的情况，我一定会告诉他：失败了没关系，你下次会做得更好！

第7章

赢得支持，不再把家庭教育当成一个人的事

培养孩子自我教育的能力

孩子是整个教育过程的主体，只有把他的主观能动性调动起来，教育才有效果。

初步尝试“目标管理”

公司今年进行了一些改革，其中最重要的就是完全实施“目标管理”。整个公司的年度目标被细分到各个部门，然后细分到每个人；从全年的目标细分到月，然后到周。每周一大家提交工作计划，每周五提交工作总结，根据完成情况进行绩效考核。经过这么一改，大家的工作积极性和工作效率都得到了明显的提高。

我从中受到启发，觉得这个方法可以运用到管理我家果果身上。与其天天盯着他让他要这样不要那样，不如运用一些激励机制，让他自觉按照我们设定的目标去做。

既然是目标管理，首先要有目标和激励机制。想要果果去完成目标，那么这个目标和激励机制必须征得他的同意。所以我和果果进行了一番谈话。

我问："果果，你想不想让妈妈以后少管你一些？"

他毫不犹豫地说："想！"

我心里暗自高兴，说："那我们来制订一个目标，然后你照着这个目标完成就可以了，妈妈也不管你，全靠你自觉。但是妈妈会给你打分哦。每周一次，如果没及格就没有零用钱；如果及格的话，下周的零用钱就有了；如果能达到80分以上，妈妈就奖励50元，怎么样？"

果果想了想，问我："如果没及格那我没有零用钱怎么办？"

这孩子考虑问题怎么就不往好的方面想呢？不过想得倒挺周到，于是我告诉他可供选择的解决方法："如果没及格，你可以花你储蓄罐里的钱，或者可以跟妈妈借，等到下次及格了或者有奖励了再还给妈妈。"他又想了想，很高兴地答应了。

既然答应了，那我们就开始制订下周的目标吧！我把目标事项都列出来，比如起床时间、洗脸、刷牙、叠被子、书桌的整理、写作业的质量、帮助大人做家务等，然后把各个目标按照完成的质量分成3个等级，即不及格、及格、优秀。我把这些都一一解释给果果听，有的他不同意，我又根据他的意见改了改，最后我们达成了一致，并把这些都列好做了一张表，贴在冰箱上。

一周过去了，在列的目标项里，12项里居然有6项没及格，所以总体当然是没及格了。看到这个结果，果果都要哭了。不过他也没有什么能辩解的，毕竟制定目标的时候他同意了，打分的时候我给他说了理由，他也认可。

那零用钱还要不要给呢？我正犹豫呢！果果发话了：“妈妈，我能不能跟您借20块？”

这下子我不犹豫了，说好的不给绝对不能轻易就改变了，更何况他主动遵守了。于是我很痛快地答应借20块钱给他。

然后我们又把下周的目标也制订下来，有的地方又改了改。经过一个学期的目标管理，果果的行为比以前有了很大的改观，自觉性大大增强。

让孩子自己教育自己

我们都学过辩证法，知道事物的发展是内因和外因共同作用的结果，其中内因是根本动力，外因只是起促进作用。其实这个理论用在孩子的教育上，同样是适用的。父母的教育、学校的教育都只是孩子发展和进步的外因，孩子自己才是内因。所以要想教育更省力，父母千万不要把孩子当成教育的局外人，而应该依靠孩子，挖掘孩子自我教育的潜能。

比如我所试验的目标管理，我觉得实际上就是让孩子进行自我管理的一种方式。这种方式优势很明显：我不用天天在他耳边唠叨了，他也很清楚自己的行为要达到什么标准，如果没达到会有什么后果；也不用我去评价他做得好或者做得不好，他自己对照目标就知道自己到底做得好不好。

虽然制定目标的时候会有点儿麻烦，但是省去了日复一日的麻烦。更重要的是，果果的自觉性提高了，他在这个过程中获得了成长。如果之前的教育是我让他做什么、不能做什么，现在是他自己知道该做什么、不该做什么了。当然，他还小，要达到完全不用我管的程度还有很长的路要走，但至少我们迈出了第一步。

教育孩子其实不单单是父母和学校的事，也是孩子自己的事。甚至从本质上来说，这就是孩子自己的事，父母和学校只是发挥一个辅助的作用。让孩子自己教育自己，就是看到这样的本质。

依靠孩子，首先要相信孩子，其次要去发掘孩子自我管理的潜能。比如给孩子自由支配的资源，让他自己去计划想要完成的事；给他提供一定的支持，让他自己解决自己的困难；给他自由交往的权利，让他自己选择朋友；给他自由申辩的机会，让他自己对自己的行为进行评价……

总之，让孩子在这个过程中明白，自己要变成一个什么样的人，自己离这个目标还有多远，通过什么方法能够实现，需要父母提供什么样的支持。让孩子参与对自己的管理中，孩子的能力会得到提升，自信心也会得到增强，进步就在不经意中产生了。

教育孩子，爸爸有责

教育孩子的事情不是理应由妈妈负责的，爸爸也应该担起应有的责任。

父亲在家庭教育中的缺位

不知道是不是整体社会风气都这样，教育孩子似乎是妈妈的专利。虽然大部分的妈妈也和爸爸一样要上班，但总会不自觉地把家庭放在最重要的位置。我认为这种风气助长了爸爸们的“懒惰”，以各种借口推脱了本属于他们教育孩子的责任；同时也增加了妈妈们的负担。

当然，在把孩子教育得颇有成就的时候，妈妈们的自豪感和成就感也倍增。但不管怎么样，妈妈们还是不应该因此剥夺爸爸们的权利，而应该让孩子有更多的机会接受爸爸的教育。否则后果很“严重”！

果果爸在教育孩子方面是个懒惰的爸爸。工作比我忙是一回事，有时候他也是能少一事是一事。接送孩子的事情他很少做，平时有时间就陪果果玩，没时间就对孩子不闻不问了。有时候教育果果他也不够有耐心，自己也像个孩子一样，果果不听他的就生气。有时候一出差就是一个星期，那这一个星期就只能通过打电话和我们沟通了。而我，自从有了孩子，几乎不出差，仅有的一次，走了一周，心却留在家里。男女的差别就是这么大。

不过他爸爸也受到了应有的“惩罚”。果果对我明显比对他爸爸亲。有一次，还是果果上幼儿园的时候，果果爸因外出拜访客户，提前回家了，就自告奋勇要去接孩子。下班我直接回家，看到他们父子俩已经在家了。

果果急切地问：“妈妈，为什么您不来接我？”

我说：“爸爸好不容易下班早，就让他接了。”

果果说：“我喜欢妈妈接！”

果果爸也不高兴了：“我还不愿意接呢！我今天去接他，老师都不认识我，说不记得我是果果的爸爸，还问果果我是不是他爸爸。你说气人不气人！”

我说他们怎么都不高兴呢，原来如此。我说：“那能怪谁呢？你平时去得少，老师不认识你是正常的。”

果果的爸爸争辩道：“我也不是不想多去啊！这不是我工作

忙吗……”又来了，工作忙就是永远的借口。我没有再和他讨论这个问题，心里想，既然工作忙没时间管孩子，那就不要抱怨孩子不和你亲，不要抱怨老师不认识你。

爸爸们，请不要以工作为借口

我看到一个小故事，把他推荐给果果的爸爸看，希望能对他有所触动。这是个外国的故事，可能很多人都看过了：

一位父亲下班回家很晚，又累又烦，他发现5岁的孩子站在门口等他。

“我可以问您一个问题吗？”

“什么问题？”

“爸爸，您一个小时可以赚多少钱？”

“这与你无关，你为什么问这个问题？”父亲生气地说。

“我只是想知道，请您告诉我，您一个小时赚多少钱？”儿子哀求道。

“假如你一定要知道，我一个小时赚20美元。”

“喔！”儿子低下头，接着又说，“爸爸，可以借我10美元吗？”

父亲发怒了：“如果你只是要借钱去买玩具的话，那就给我回房间上床，好好想想为什么你那么自私。我每天长时间辛苦工作，没时间和你玩小孩子的游戏。”

儿子安静地回到了自己的房间。父亲坐下来还在生气，过了一会儿，他平静下来，想着他可能对孩子太凶了——或许孩子真的很想买什么东西，再说他平时很少要钱。

父亲走进小孩的房间：“你睡了吗，孩子？”

“爸爸，还没，我还醒着。”小孩回答。

“我刚才可能对你太凶了，”父亲说，“我将今天的坏脾气都爆发出来了——这是你要的10美元。”

“爸爸，谢谢您。”小孩高兴地叫着从枕头下拿出一些被弄皱的钞票，慢慢地数着。

“为什么你已经有钱了还要？”父亲生气地说。

“因为这之前不够，但我现在足够了，”小孩回答，“爸爸，我现在有20美元了，我可以向您买一个小时的时间吗？明天请早一点儿回家——我想和您一起吃晚餐。”

父亲一脸的愧疚，紧紧地抱住了儿子。

这样的故事其实在我们身边也随处可见。可能在大部分的家庭里，爸爸是经济支柱，承担着养家糊口的重任，所以在教育孩子方面是心有余而力不足。在有些爸爸的观念里，教育孩子是妈妈的事，即使在家，也很少过问孩子的事情，宁愿守着电脑玩游戏，也不愿意和孩子一起玩。不论出于什么原因，父亲在家庭教育中的缺位，已经成为一个备受关注的社会问题。

有一则新闻报导了这样的事情：一个幼儿园大班的孩子

在“假如我有一把锁……”的主题班会上说：“假如我有一把锁，我想锁住爸爸的车、手机和电脑，这样爸爸就能和我一起玩了。”这个回答让老师深感意外，他从这个孩子的想象中推测出孩子的爸爸可能很少陪孩子玩，就想和他的爸爸沟通一下，让他尽量多陪陪孩子。但是很长时间都见不到这孩子的爸爸，每次家长会都是妈妈来。

我相信这是真实的报道，因为我去参加果果的家长会的时候，一个班有三十几名小朋友，通常只有四五个爸爸来参加，其余全是妈妈。而在上学、放学的接送队伍中，爸爸的身影也不多见。

难道这个社会的爸爸都那么忙吗？即便真的那么忙，我想爸爸们也要腾出一些时间陪孩子，妈妈们也要劝说爸爸们积极参与孩子的教育，分担自己的重担。父亲角色的缺失会给孩子的发展造成不良的影响。记得在一本书上看过，美国历史上唯一连任四届的总统罗斯福说过：“对儿子，我不是总统，只是父亲。”爸爸们工作再忙，会比美国总统还要忙吗？

亲朋好友全动员

如果不想自己辛勤教育的成果在一两次家庭聚会中毁于一旦，妈妈最好和亲朋好友在对孩子的教育方面达成共识。

iPad事件

某天果果爸回家告诉我们，果果的叔叔和婶婶暑假期间要从美国回来探亲了。他们夫妻俩上大学的时候就去美国留学了，后来就在那边工作、结婚。他们两三年才回台湾一次看望父母和亲人。上次他们回台湾的时候，果果才4岁，这次回来，果果都读二年级了。

果果很期待，因为上次叔叔和婶婶从美国回来给他带了很多礼物，主要是玩具，都是在台湾买不到的。果果将这些玩具在小朋友面前炫耀了一番，觉得很有面子。我却有点儿忐忑，因为他们在国外待久了，观念和我们都不一样，尤其是教育孩子方面。我挺担心他们把西方的自由主义作风带到我们家，其他人倒还没事，果果肯定大受影响。

暑假期间，叔叔和婶婶如期而至，果果很高兴。他们还没坐稳，果果就迫不及待想知道他们给自己带了什么礼物。叔叔从包里拿出一台最新款的iPad，说这个是带给果果的礼物。果果接过礼物，跟叔叔说了“谢谢”，就在那好奇地观看。

我一看心里就直打鼓，跟果果的叔叔说：“果果这么小，玩不了那个。”果果的叔叔不以为然，说：“这个很简单的，里面很多益智游戏，我身边的小孩子都喜欢，而且这个比在台湾买便宜不少呢！”果果一听说是游戏，就喜形于色，我也不好说不给他，就警告他：“每次只能玩一会儿，知道了吗？”果果都没时间理我，缠着叔叔给他讲解。

其实我也知道，很多小孩子都喜欢iPad，果果之前也见小朋友玩过，还很羡慕，问我可不可以帮他也买一个。但是我和他爸爸对这个不是很感冒，我们也从没想过给他买那么昂贵的玩具。而且更重要的是，一个朋友警告我千万别买iPad，小孩子会玩上瘾，她家女儿上学期末考了“优”，她喜出望外，给女儿买了一台iPad作为奖励。整个寒假女儿除了吃饭睡觉，剩下的时间都抱着这个新鲜玩意儿，就连上厕所也要带着，成了一个标准的“iPad狂”。

大人警告她不能玩太长时间，她也不听，有时候偷偷玩。临近开学的时候，女儿经常跟她抱怨眼睛痛，她带着孩子去医院一查，结果让她大吃一惊：一个寒假下来，孩子视力明显下降，不得不靠戴眼镜来矫正视力。

我平时对果果看电视和用电脑都控制得很严格，一方面是为了让他有更多时间用在学习上，另一方面也是为了保护他的视力。结果叔叔这一台iPad让我为难了。不给他用，他显然不服气，叔叔都说了是给他的礼物；再说不给他用显得我们不喜欢这个礼物似的，叔叔和婶婶可能会有想法。给他用，又担心他上瘾，更担心他用坏了眼睛。怎么办才好呢？

思来想去，解铃还须系铃人，我跟果果的婶婶说了这件事情。她一听，连说很抱歉，真的没考虑到这么多。然后我们就一起想怎么解决这个问题。最后一致同意再去买个礼物，把这个iPad换过来给我保存。

果果的叔叔只得告诉果果说这个iPad有个大毛病，需要寄回美国修理，等下次回来再给他带过来。然后又帮果果买了一双他早就想要的球鞋。这件事情才算解决了。

我们结成了统一战线

有了孩子之后，我有时候很怕带孩子去拜访亲戚。一方面，亲戚之间不免互相攀比，尤其是过年的时候，聊着聊着就聊到孩子考试考多少分，考好的不免沾沾自喜，考不好的孩子就像犯了多大的错误，在大家面前都不敢抬头。

另一方面，大家教育孩子的方法各不相同，我不想干涉别人，但不能阻止被人干扰。比如，我不允许果果玩计算机游戏，果果的小表弟却是个游戏迷，孩子们在一起，小表弟总是喜欢炫耀自己的战果，打到多少级过了多少关，说得果果也蠢蠢欲动。小表弟的妈妈也劝告我："孩子玩游戏有利于开发智力，你越不让他玩，他还越想玩，不如让他玩吧！"

我还经常担心亲戚或者朋友给果果买礼物。虽然他们是很有诚意，但有时候买来的礼物又是我不希望果果玩的。这时候我就变得很为难。

"iPad事件"让我得到了启发，在教育孩子的过程中，其实和亲朋好友统一意见，取得他们的支持也很重要。如果让他们知道我的原则和我对果果的要求，请他们配合我，尽量少给孩子传达跟我截然相反的观点，他们肯定也都会积极支持我。

和老师保持联系

和老师保持联系，获得老师的支持，教育孩子会省力许多。

小朋友眼里的果果原来是这个样子的

作为孩子的父母，我们都觉得自己的孩子是最好的。在我眼里，果果是那样可爱，就像一块完美无瑕的玉，让人怎么看怎么喜欢。在我眼里，果果身上那些缺点，被他的天真无邪、活泼可爱掩盖住了。于是在家里，对待果果调皮捣蛋，甚至不听话、赖皮、撒野，我都是莞尔一笑，想当然地认为孩子天性如此，不必过于拘束孩子。

我对孩子的纵容，引起了母亲的不满，作为老人，在教育孩子上自然有站出来说话的自信和权威。她说，不能这样娇惯孩子，这样会把孩子惯坏的。孩子做事情不对的地方就应该严厉指工，不听话就要打屁股。

想想果果是我身上掉下来的肉，含在嘴里都怕化了，别说打了，就是大声对孩子说话我都舍不得。母亲所说的话我也自然不会放在心上，直到有一天，发生了这样一件事。

一天，我突然接到果果所在幼儿园中班姚老师的电话，电话中姚老师一副很严肃的口气，她说果果最近问题很严重，希望我能去一趟。一听这话，我就急了，果果在家里一直很好，除了具有四岁孩子本该有的顽皮天性外，怎么也不会到问题很严重的程度啊！

“姚老师，您弄错了吧！”我怀疑地问。“没有弄错，果果不仅在幼儿园中班出了名，而且在幼儿园大班、小班都出了名，弄得整个幼儿园的小朋友见了他就怕。”姚老师坚定的语气，让我稍微有点儿信了。但是在内心中我依然不能够完全相信和接受姚老师口中所说的“事实”。

身为母亲，我想我是这个世界上最了解他的人了，也许是姚老师不喜欢果果，对果果抱有偏见造成的。于是，在我内心中陡然生起了一股无名火，带着不满，我来到了幼儿园。没等见到姚老师，一群小朋友围了上来，纷纷告果果的状，说果果怎么欺负他们，有的小朋友还一脸委屈地说果果抢了她的玩具。这时我才意识到了问题的严重性。

后来，见到姚老师，经过一番细聊才了解到果果在学校“野蛮”出了名，随意打人、抢东西。直到此时我才知道，原来我眼中那个完美无瑕的果果，在老师和幼儿园小朋友面前却是一个浑身长满刺的“刺头”。此时我才意识到自己平时由于工作忙，忽略了和老师的沟通，没有及时发现孩子在学校中的问题，导致小毛病变成了棘手的大问题。

还好，在姚老师的帮助下，我及时反省了自身的错误，并及时做了调整。教育孩子，不仅仅是家长一方的事情，也不仅仅是学校老师一方的事情。而是家长和老师共同努力才能做好的事情。从那以后，我定期和老师电话沟通，还会不定期去学校向老师了解一下果果的情况，并及时向老师汇报果果在家里的表现。这样一来，家长和老师都能相对全面地了解孩子，在解决教育过程中的问题时就能游刃有余，不会再有无从下手的感觉了。

经过一段时间的教育和引导，果果霸道的毛病逐渐消失了，他变得懂事起来，不仅学会了与其他小朋友分享，还懂得了照顾和爱护别人。这一可喜的变化，使我更加懂得教育好孩子，与老师达成同盟，是最明智的选择。

让老师帮帮忙

自从上次果果打人事件以后，我就意识到了老师的教育力量是绝对不可以忽视的。因此，我一遇到解决不了的教育问题就会虚心请姚老师出山帮忙。我和姚老师之间逐渐建立了一座特殊的沟通桥梁。在这座“桥梁”上我们之间的沟通近乎畅通无阻，我们在教育孩子上几乎成了无话不谈的知己。而这座特殊“桥梁”的建立源自这样一个感人而真实的故事。

一位双腿残疾的单亲母亲，有一个年仅3岁的女儿。小女孩天生聋哑，在她的世界里这个多彩的世界是静悄悄的。所以，小女孩习惯于一个人悄无声息地坐在一个角落，独自“欣赏”着这个奇怪的世界。聋哑让她丧失了她这个年龄的孩子本该具有的活泼与喧闹。当这位残疾母亲将自己的女儿送进幼儿园时，并没有将孩子完全推给幼儿园老师，而是将自己熬了一个通宵，用废弃纸盒制作的卡片塞到了老师的手里。她仿佛交给老师一份重托一样深深地鞠了一躬，就蹒跚离去了。

老师不解地望着这位母亲的背影，打开这张并不精美的卡片一看，卡片上认认真真地写了一行字：“请老师多给孩子一点儿爱和关注，帮助孩子打开沉寂黑暗的心。我真诚地谢谢您！”老师被这位母亲的真情深深打动了，以后的日子总会对小女孩额外地多了一些关爱。一年以后，那个聋哑的小女孩再也不会一个人孤独地坐在一个角落里了，而是学会了和孩子们一起玩耍、一起玩游戏。

这位残疾母亲虽然在改变自己女儿现状的问题上显得很无力，但她没有就此放弃，也没有把孩子完全交给老师，而是通过一种巧妙的方式来把自己孩子的问题清晰地告诉老师，并请老师来帮助她一起解决问题。这样一来，老师会更用心地对待孩子，能更快地解决问题。

在与老师沟通的过程中，我没有采取大部分家长的方式，比如生硬地打电话、送礼恳求、对老师唯命是从，而是像这位母亲一样采取了特殊的沟通方式，巧妙地建立沟通管道。我们之间为孩子建立了一个问题沟通档案，档案每周以邮件的形式交流。对于每个问题，我都会详细提出我的想法，姚老师也会提出自己的意见，然后大家一起来商讨解决对策，各自扮演好家长和老师的角色来共同解决问题。这样一来，果果身上很多毛病都无从藏匿，被我们在第一时间就消灭在了萌芽之中。

让孩子在朋友的影响下越变越好

朋友在孩子的生活中充当着非常重要的角色，要想了解孩子就要了解他的朋友。

伙伴的影响力不可忽视

果果做事有点儿拖拖拉拉。这一点在他写作业方面表现尤其明显。以前上幼儿园的时候并没什么作业，我感觉还不明显，上小学之后，作业变得多了，他拖拖拉拉的毛病逐渐凸显出来，有时候写作业要花1个多小时的时间。

我规定他每天9点就要睡觉，于是每天吃完晚饭写作业，每天把作业写完就到了睡觉时间了，有时到了睡觉时间还有作业没有写完，就只能延迟睡觉时间。我一度以为是作业布置太多的缘故，但是和其他孩子的家长交流，发现有的孩子半小时就能做完，有的1小时以内可以做完，也有像果果这样的，需要1小时以上。看来不是老师布置的作业多，而是果果速度太慢。我为此很着急，日后作业负担会越来越重，他可怎么办呢？

我有时候陪着他写作业，他就会快一些，但是我不陪着，他就慢下来。

我不陪着的时候曾经偷偷观察过，他小动作太多，一边写作业，一边咬铅笔上的橡皮擦，或者把书的插图涂成别的颜色，或者在书上画个娃娃，还不时地把十个手指头的指甲染得黑黑的，然后觉得脏了再去洗洗手，就这样，完成作业的时间不长才怪。

为了写作业的事，我常常唠叨他，但是一直没有什么改观，我只好尽量陪着他写作业。不过听人说陪孩子写作业的弊端很多，尤其不利于培养孩子的独立自主，容易让他产生依赖思想。果果就养成了对我的依赖，写完了往我面前一放："我写完了，妈妈帮我检查。"自己检查作业的能力得不到提高，考试的时候因为不善于检查，犯了很多简单的错误。

有一次，小区另一个小朋友糖糖的妈妈给我打电话，说她临时有事，家里又没人，托我顺便帮她接一下孩子。糖糖和果果同龄，果果小的时候，我和糖糖的妈妈就经常一起交流经验。后来糖糖和果果一起上幼儿园，一起上小学，不过不是同一个班级，但是平时放假的时候，果果也时常和糖糖一起在小区玩。让我帮忙接孩子其实也是举手之劳，我当即答应了。糖糖是个文静的小女孩，据她妈妈说成绩还不错。我在校门口先接到了果果，然后就看到糖糖从里面出来，张望着可能是在找她妈妈。我走过去跟她说明了情况，然后带着两个小家伙来到我家。

到了家我给他们倒了果汁，糖糖很有礼貌地跟我说“谢谢”。果果心安理得地接过就喝，还一边打开电视要看动画片。糖糖却对我说：“阿姨，我每天回家都要先写作业，我可以写作业吗？”

女孩子就是乖，我赶紧说：“当然可以了，你在客厅写吧！”然后我命令果果关电视，不能打扰糖糖。果果也不好意思了，把电视关了。

糖糖还不忘问果果：“你怎么不写作业呀？”

果果回答说：“我也要写作业的，我现在就写。”

看来这孩子想在小伙伴面前表现得好一些。平时我怎么叫他先写作业他都不听。早知道这样，我应该大大把糖糖接到家里和他一起写作业。

两个小家伙就在客厅桌子上写作业。我准备做饭，偶尔跑去偷偷观察一下他俩。糖糖写作业的时候心无旁骛，果果呢？还是看看这里、看看那里，咬咬铅笔、抠抠手。这个现象被糖糖发现了，她对果果说：“写作业的时候不能做其他的事情，不然会写错的。”

果果听了又不好意思了，低头认真写起来。当他心不在焉的时候，看到糖糖那么专心，就把心思集中到写作业上面了。

大约半小时，糖糖写完了，检查了一下，又改了改，然后装进了书包，顺手拿出一本童话书来看。果果见她写完了，有点儿着急，加快了写作业的速度。不一会儿，居然也写完了。写完之后，他想让我检查，我叫他先放着，等我做完饭再帮他检查。没想到糖糖自告奋勇，要帮果果检查。不知道是不是怕错得太多被糖糖笑话，果果拒绝了，说："还是我自己检查吧！"我在一旁偷乐着，这孩子在女孩子面前果然很好面子啊！

还不到吃饭的时候，糖糖就被她妈妈接走了。我送她们到门口，回屋的时候，果果又打开了电视。我去检查他的作业，错误明显减少——因为他自己已经检查一遍了。

我把他好好表扬了一番，心想，要是糖糖天天来我们家陪果果写作业就好了。

充分发挥小朋友的作用

糖糖来家那一次之后，我就给糖糖的妈妈打电话，跟她商量可不可以每天让糖糖来我家和果果一起写作业，因为糖糖实在是个好榜样。糖糖的妈妈同意了。自从有了糖糖这个作业伙伴，果果写作业的速度加快了，三心二意的习惯也有所改观，写完也知道自己先检查检查，最主要的是把我给解放出来了。

从写作业这件事情，我体会到伙伴的影响力很多时候比父母的影响力还要大。因为孩子们都希望在同伴面前呈现好的一面，见到比他表现好的伙伴，还能激发他不服输的精神，希望比别人表现得更好。所以，我觉得妈妈们要想使自己在教育孩子的时候更省点儿力气，不妨给孩子找一些优秀的朋友，小朋友们在一起玩耍或者学习，孩子自然会越来越优秀了。

当然，也要警惕孩子交上一些不好的朋友，近墨者黑，孩子也会在不知不觉中染上恶习，到时候要纠正就难了。

带孩子一起参加公益活动

带着孩子一起参加公益活动，帮助更多需要帮助的人，可以让孩子更有爱心和责任感。

果果第一次节水赈灾活动

现今身边各式各样的公益活动让人眼花缭乱，什么环保的、赈灾的、助人的，大型的、小型的，官方的、民间的，听多了看多了，似乎也麻木了。以前我还是单身的时候也挺热衷于这类活动，后来结婚了就参与得少了。有了果果之后，基本上没有参加过。总觉得那些活动是闲人的专利，我的时间被工作和家庭占得满满的，根本无暇顾及那些。

果果也参加过一些公益活动，都是学校举办的，比如去敬老院看望老人，去小区捡垃圾之类的。也就是说，我从没有带果果一起参加过什么公益活动。

我们这里有一个为儿童打造的、由儿童自己管理并进行职业体验的高级儿童室内娱乐场所。刚开业的时候，我带果果去玩过一次，他非常喜欢。后来这里举办了一次大型的“心系灾区节水募捐”特别活动，我也收到了信息。我想来想去决定带果果去，毕竟为灾区尽点绵薄之力是我们应该做的，趁机也可以让果果受到教育。

在节约用水方面，我们也经常教育果果，但效果似乎不明显，主要是仅凭我们给他讲道理，他感受不到水的珍贵，就没有珍惜的意识。如果让他在活动的氛围中有一些亲身体验，可能效果会好得多。

带着这些目的，我带果果去了。这次活动主要是召集孩子们募捐善款，与灾区同胞携手抵抗旱灾。主办单位还专门邀请亲子节目主持人担任活动的嘉宾主持，果果看到主持人激动得很，拉着我的手兴奋地说：“妈妈快看，主持人哥哥耶！”说实话，我已经过了追星的年龄，不过还是要配合一下果果激动的心情，故作惊讶地说：“啊！是吗？真的呀！”活动主要是以孩子们为主，先是孩子们举行公益议案讨论会。听主持人讲述灾区的受灾情况后，公益议案讨论会最终决定通过以销售赈灾义演门票和义卖矿泉水的方式募集善款来帮助遭受旱情的灾区人民。讨论会结束后，还有“节水赈灾”义演、知识问答、互动游戏等。果果全程都很踊跃地参与，积极举手回答问题和上台做互动游戏。

回家的路上果果一直在跟我讨论活动的情形，我问他学到了什么，他认真地思考了一会儿，对我说："妈妈，我以前没有节约用水，从现在开始，我会节约用水，还会监督爸爸妈妈和小朋友们，不许你们浪费每一滴水，还要省下我的零用钱，存起来，一起寄给灾区的小朋友！"果果这么说，我着实很吃惊，没想到这个活动对他影响这么大。当然，我更高兴的是，以后不用我再唠唠叨叨跟他讲节约水电的大道理了。

参加公益活动让孩子更成熟

我曾经以为真正的公益活动是大人们做的事情，需要时间、精力和金钱才行，孩子们参加公益活动其实就是做样子的。但是这个活动改变了我的想法。公益活动不但让孩子接触到更多的事物和道理，也有助于在教育上发挥辅助的效果。与其让孩子看书学习，不如多参加一些这样的活动，能让他们学到很多课本之外的知识，也能多学习乐于助人、多做好事的道理，总之对孩子的成长是有好处的。

而且，带孩子参加公益活动其实也是给他们承担社会责任的机会，让他们更早成熟起来。孩子们有时候也很希望通过做些事情来证明自己的存在，证明自己的力量。

做公益的方式有很多，我们可以有选择性地挑选一些，让孩子参与其中。比如带孩子为小区里的老人唱歌、跳舞，去植树，给有困难的人提供帮助……都是孩子力所能及的方式。相信在这些活动中，孩子会变得更加自信，更有爱心和责任心。

要相信，任何孩子不管学业成绩如何、在学校表现如何，只要肯付出、乐于奉献，就能找到快乐，就能在帮助他人的过程中获得满足，体会到自己的价值所在。

让孩子爱上阅读

让孩子爱上阅读，让他和更多有想法的人对话，这会让妈妈们教育孩子的时候更省力。

喜欢读书的孩子更省心

糖糖来我家做几次作业之后，我对这孩子是真心喜欢。她聪明懂事，还很会说话。当年还是小婴儿的时候，她和果果并不见有多大区别，怎么随着时间的流逝，孩子之间的差别就这么大呢？当然，果果整体而言表现也不差，但总觉得还有很大的提高空间，也就是说，可以做到更好。我真羡慕糖糖的妈妈，也很佩服她，不知道她怎么把孩子教育得这么好。

某天，我和果果在小区广场玩，正好碰到糖糖和她的妈妈。两个孩子玩在一块儿，我们坐在一旁聊天。我由衷赞美了糖糖一番，让糖糖妈传授我一些教育孩子的秘诀。

糖糖的妈妈面对我的讨教有点儿不好意思，说：“哪有什么秘诀，可能糖糖是女孩子，文静听话一些，果果是男孩子，自然会淘气一些。”

我觉得这不是男女的差别，而是气质的差别，糖糖是淑女，果果却离绅士差得远呢。糖糖的妈妈想了想，说：“如果真要说有什么秘诀，我想，让孩子多读书吧！糖糖就很喜欢读书，所以我省了不少心。”于是糖糖的妈妈给我讲起糖糖读书的故事。

糖糖1岁多的时候，爸爸就开始给她读故事书。每天晚饭后，一家三口就在一起读书，爸爸和妈妈轮流读，妈妈读的时候，爸爸和糖糖一起听；爸爸读的时候，妈妈和糖糖一起听。

2岁以后，他们就让糖糖自己看书了，主要是图画故事书。她说起糖糖那时候特别喜欢“小兔汤姆成长的烦恼”系列，百看不厌。这套书的主人公是一只小兔子，但过的完全是人类的生活，孩子成长过程中可能遇到的事情，包括上幼儿园、去医院、跟妈妈逛街、去海滩度假等，都有栩栩如生的记录。糖糖通过看这本书，对现实生活有了更多了解，后来遇到一些小问题，比如生病啦、去幼儿园啦，糖糖都会说起那只小兔子。因为在书里看过，当她自己遇到类似的问题时她就知道要怎么做了。无形中，妈妈省了很多事。

糖糖认识拼音之后，妈妈除了给她买图画书，还给她买一些有拼音的故事书。通过读书，糖糖不仅学到了许多知识，而且慢慢有了自己的是非观念，懂得了什么是好的、什么是不好的。妈妈跟她讲道理，她很容易就联想到看过的书，接受起来也比较容易。

另外，糖糖的个性方面也一直比较稳重，上学之后适应学校的生活也比较快。看书看多了，累积的语言词汇也多了，说起话来头头是道，有时候觉得妈妈不对还会和妈妈争辩。说到这里，糖糖的妈妈不由自主地笑了。

糖糖妈妈说，到现在糖糖差不多读了有200本书了。听了这个数字我十分惊讶，看来果果差得不是一点点。

让书籍帮我们教育孩子

和糖糖妈妈的一番谈话，让我想起之前看过的德国大诗人歌德说过的话："读一本好书，就等于和一位高尚的人对话。"那么，如果孩子喜欢读书，是不是就相当于每天都和高尚的人对话呢？在这个过程中，孩子不就自然而然受到教育了吗？因此我决定，要好好培养果果的阅读习惯，从现在开始应该也不晚。

都说书籍是人类的智慧宝库，因为历史上那些伟人的思想和智慧，都像宝藏一样，存在于书籍这座宝库之中。要想获得这些宝藏，唯一的方式就是阅读。如果我们能帮助孩子养成良好的阅读习惯，那无异于帮助孩子推开了这座宝库的大门，对于增长孩子的见识、培养孩子的品格、陶冶孩子的情操，都是有重大意义的。

现在很多孩子迷恋电视和网络，缺少阅读的兴趣，是值得父母警惕的。电视和网络虽然也能增长孩子的见识，但在思想深度上毕竟不如书籍。因此，父母要让孩子知道阅读的重要性，培养他们对书籍的热爱，让他们享受阅读的快乐，并有所收获。

同时现在市场上的书籍浩如烟海，质量参差不齐，父母可以让孩子在自己的兴趣基础上选择阅读，也可以帮孩子选一些好书进行阅读。如果可能，父母们和孩子一起阅读，既有利于增长知识，又有利于打造良好的亲子关系，还能充实自己的生活，真是一举多得的事情。

让电视和网络也发挥作用

当我们用心寻找，会发现电视也好、网络也好，都有一些精华的东西可以供我们享用，帮助我们教育孩子。

网络不是洪水猛兽

在传媒发达的今天，信息如洪水般灌进了我们生活中的每一个角落，让人即便“闭目塞听”也难以免受其“干扰”，电视和网络这两大传媒工具着实让我们的生活喧闹了不少。果果这一代孩子，对新鲜事物的接受能力和学习能力要远远超过我们那一代人，在某些方面孩子们的超强认知能力，往往超乎我们的想象，让我们大跌眼镜。

果果在1岁多就能开关电视，3岁左右就能自己开关电脑了，这些技能的学习完全是在生活中对大人动作的自发模仿。如今4

岁的果果，快成了电脑迷，一放学，就拉着大人打开电脑。起先觉得果果只是好奇，后来随着小家伙技能的提高，不经意间学会了打开网页，看到喜欢的图片高兴得不得了。这一下子我才警觉了起来。

这怎么得了？网络上什么都有，果果还这么小，人生观、价值观没有成熟的他，万一学坏了怎么办？于是，从那以后我在家里颁布了一道“一周只能玩一次电脑，而且玩电脑时要有大人陪着玩”的限玩令。限玩令的颁布并没有收到良好的效果，反而激起了果果强烈的叛逆心理。被限制的果果反而更加对电脑感兴趣，如果不按照自己的意愿开电脑，就会以哭闹示威，闹得家里终日鸡犬不宁，奶奶敌不过果果哭闹只能妥协。

对于4岁的果果对电脑有如此强烈的好奇心，我们深感困惑。无奈之下我只能求助专家的帮助。一位在育儿领域有资深经验的教育专家给了我以下建议：

网络不是洪水猛兽，对于孩子过早接触网络不必过于紧张。家长首先要从自身摆正对网络的认识。虽然网络中会有一些不好的信息迷惑和误导着很多辨别能力低、自制能力差、心智尚未成熟的孩子们，但是家长们如果能够做出适当引导，通过网络不仅能够让孩子学到很多有用的知识，而且对于孩子开发智力、训练表达能力将大有益处。

家长可以从以下几方面来引导孩子：

1.对孩子说，网络是一本百科全书，有不懂的都可以在上面查到答案。让孩子养成不懂就查的好习惯。

2.让孩子认识邮件功能，教会孩子写信和发邮件。让孩子学会用邮件的形式与人沟通。

3.利用聊天工具，让孩子加入同学聊天群，提升语言表达能力，训练敏捷的思维能力。

4.让孩子养成每日阅读新闻的好习惯，多了解时事动态。

5.教会孩子使用搜索引擎，训练独立学习的能力。

对于专家提出的这些建议，我反思了一下自己的行为，觉得自己用强硬方式压制孩子的兴趣是愚蠢的。社会复杂，网络有“染”，保护孩子最好的方式不是逃避，而是要有智慧地学会面对。教会孩子怎样正确地使用网络，怎样辨别网络大千世界中的是是非非。怎样规避不利的因素，怎样利用有用的网络资源，才是正确的。

孩子不可能活在真空无菌的世界中，家长亦不可能时时将孩子仅仅控制在视线范围内，唯一的办法就是教会孩子如何正确使用这些工具。想清楚之后，我立刻取消了限制果果上网的要求。而是有计划地开始引导果果怎样来认识网络。

当果果在公园中看到蝴蝶时，我就会跟他讲，这是蝴蝶，网络大百科全书中还有很多种蝴蝶，它们可是一个庞大的家族，我们回家上网查一查吧！每每这时，果果总是很开心地同意。

假期，每当果果想念同学和老师时，我就会说你有什么要说的，可以说出来，妈妈替你写一封邮件给老师和同学，问问他们在做什么，有没有也在想念果果。每当收到同学和老师的邮件时，果果总是异常开心。这样一来，果果上网的兴趣逐渐转移到了我所引导的方向上来。过了一段时间，随着对电脑认识的深入，果果不再像以前那样好奇了，而是渐渐地把电脑视作一种有用的工具而已，看来，引导的效果果然很大。

找几个适合他看的节目

果果在1岁8个月时就会自己开电视了，每当自己在小鸭子坐便器上拉便便时，总会一边看动画片，一边拉便便。起先，果果还不能很好地独立拉便便，无意间我们打开电视一边吸引他一边让他能够老实地做完这件事。后来，电视成了他拉便便必不可少的辅助工具。再后来电视成了果果寻找乐趣的最好工具。

对于看电视，大人自然有大人喜欢看的，孩子也自然有孩子喜欢看的。有时候下班回家，我为了看自己喜欢看的节目，就忽视了果果的感受。自己看得津津有味，果果在一边也跟着看。虽然刚开始果果总会说，不看这个，但是电视瘾上来后，我总会哄骗他说，这个是最好看的节目，一会儿就有小动物出来了。

其实，小动物通常不会出来，因为我看的往往是生活剧，偶尔出来几条狗倒是有可能。果果总会满怀期望地等待着，等一会儿没看到就会继续说不看这个。这种场景，被老公看到了，他狠狠地指责了我。他认为我不顾及孩子的成长，不应该让孩子过早看这些，而是应该给孩子选择几个适合他的节目来看。老公的话，一下子点醒了我。

果果处在模仿能力非常强的阶段，不是任何节目都适合他看。如果这个时候让他在视觉、听觉上过多地接触成人世界，将不利于他的成长。我应该很认真地为他选择一些适合的节目来看。经过一番精挑细选，我终于选择了一些适合果果看的节目。下面我为父母朋友介绍一下我所做的选择。

我为果果选的第一个节目就是关于宝宝学习和游戏的节目。它不仅能够开发宝宝的想象力和创造力，还会通过真实记录让宝宝学会很多知识。比如有一个记录宝宝剪头发的片子，果果看了以后，就有很大改变。

以前为果果剪头发很费心，每次他就像受到伤害一样大哭大闹，让我们不忍下手。有时候头发剪到一半就再也进行不下去了。看着果果一脸的碎头发和泪水，让我们既感到好笑，又很无奈。

果果看到这个节目时，我对他说："你看，哥哥也剪头发了，哥哥就没有哭，小孩都要剪头发的，没事儿的，也不疼。"从那以后，果果剪头发时不再哭了。他小嘴里还唠叨着："哥哥也剪头发了，不哭，小孩都要剪头发的。"

我为果果选的第二个节目就是亲子频道的节目。亲子频道里会有大量的动画片，我会选一些经典的让果果看，同时远离那些偏暴力的动画片。优秀的动画片能够让果果体会到人世间的美好，从而激发果果的智慧。

我为果果选的第三个节目就是音乐频道的节目。音乐是陶冶人类灵魂的清泉。无论是大人还是小孩概莫能外。果果虽然还是孩子，但是对于旋律优美的经典歌曲总会陶醉其中，并能随着音乐的节奏挥动自己的小手。音乐不仅能够陶冶孩子的心灵，还能够培养孩子的音乐细胞，使孩子生活在优美旋律之中。

每当果果看电视时，我们就会舍弃掉自己的嗜好，为果果挑选适合他的节目，等果果睡着了，我们才看自己喜欢的频道。我想，孩子教育事大，做出这样一点儿牺牲，是每一位爱子心切的家长都能做到的。等孩子长大一些，再为孩子选择适合他的节目来看。每一个阶段，我们都应为孩子做好准备。

善用小区里的教育资源

相对于家庭环境而言，小区环境是孩子生活的大环境。小区里的风气、文化、舆论等都会对孩子产生潜移默化的影响。因此，我们可以用心去发现，并努力利用好小区里的资源来帮助我们教育孩子。

经过我的仔细观察，小区里可利用的资源还真不少。比如对果果这样的独生子女而言，小区里邻里之间的交往，尤其是与同龄伙伴的交往对他们社交能力的培养很有好处，也能使他们的课余生活更丰富多彩；比如小区里还有游戏场地、健身场地，孩子们可以自由玩耍；小区里还有各式各样的花草树木，小区里的雕像、小区里的汽车，甚至小区里的保安叔叔都能让果果增长见识，学习到知识。我有这些感受，是源于小区里一个叫妞妞的5岁小女孩。

阳光明媚的周末，小区里的很多家长都带着自己的孩子来到小区广场绿地上晒太阳。大人们三五成群地在一起说家常，孩子们则叽叽喳喳地玩耍着。这时，我无意中看到了那个名叫妞妞的小女孩。她没有和其他小朋友一样在玩自己的玩具，而是走到小区里一尊圣女像的雕塑面前，好奇地观察了起来。

她那张稚嫩的小脸流露出深深的疑惑，小嘴里还在不停地嘟囔着什么。妞妞的爸爸没有注意到她的举动。我走了过去，问："妞妞，你盯着这尊雕像看什么？"

"她叫什么名字？她是从哪里来的？"妞妞一连串的问题，让我感到很惊讶，小家伙的好奇心果然很重。我开始耐心地给她一一做了解答。这个时候，妞妞的爸爸过来了，对于妞妞的好奇心我们聊了起来。

妞妞的爸爸说："其实最开始，妞妞并没有这么重的好奇心，而是通过我们对她的引导训练培养出来的。"

"怎样培养呢？"我好奇地问道。

"别小看我们生活的这个小区，这里面可有着丰富的教育资源。每一件设施，每一个小朋友都可以作为教材，来引导孩子学习。刚开始妞妞并不在意这些，但是我总会将每一样东西最美的地方介绍给妞妞，让她细心观察，看看能不能发现大人所说的美丽。不得不承认宝宝的观察能力要远远胜过大人，有时候妞妞可以看到很多往往被我们大人所忽略的东西。这更加激励了我开发她好奇心的欲望。于是，一点一点地，妞妞对小区里的每一件事物都充满了观察的好奇心。自然而然，小家伙累积的知识越来越多了。”

妞妞爸爸的一席话，让我很感慨，只要用心，就能挖掘到很多平时容易被我们所忽略的资源。看来对待果果，我也应该有新的计划了。小区里这些教材，果果似乎漠不关心，怎样才能引起他的关注呢？于是我采取了以下措施。

首先将果果的注意力吸引到他感兴趣的目标物上。然后用语言描述出孩子对于目标物的兴趣点，比如“果果，两只小昆虫在说话”，然后再介绍目标物，“瞧，小昆虫刚刚还在绿绿的小草上说悄悄话，它们一下飞走了，小草用绿绿的手臂和它们说再见呢！咦，小草是不是也在说话？果果你来听听。”

与孩子交流时，最好用孩子的语气和孩子交流引导，而不是用大人生硬的教导式语言来描述，这样孩子会更感兴趣，效果也比较明显。经过一段时间的引导，果果对小区里的事物也逐渐感兴趣起来，有时候他会像一个小科学家一样认真地观察小区里的每一件事物。

后记 postface

作为一个接受过高等教育，尤其还拿到教育学博士学位的新时代知识女性，在我准备要孩子的时候，对于如何教育孩子充满了自信。我具备丰富的理论知识，拥有较强的学习能力，个性豁达开朗，在家里与老公的关系非常融洽，在工作单位上能够把各方关系处理得井井有条，教好一个孩子自然不在话下。一旦上天赐予我一个宝宝，我一定能够把他教育成一个具备各种优秀品格的人，既聪明又懂事、既认真又善良、既健康又快乐……

终于，我的小果果在我无限憧憬中降临了。初为人母，却并没有想象中的从容，这个依赖着我生存的懵懂小家伙经常让我不知所措。问题似乎总是层出不穷。当果果还是个小婴儿的时候，他哭闹、吐奶、长湿疹、发烧、腹泻、便秘……每当有异常状况，全家人都紧张不已，作为妈妈，我总是又心痛又忐忑，不知道是不是出了什么大问题。我抱着他问："宝贝你怎么了？"多希望他能告诉我，但是回应我的只有哭闹。

于是，我毫无方向地在书上、在网络上寻找答案，并向有经验的妈妈请教经验，希望能在最短的时间内让我的宝宝恢复正常。然而，众说纷纭，弄得我焦头烂额，最后我也不知该听谁的。这时候才不得不承认，理论知识再丰富，在现实面前还是会显得单薄了许多。

等到果果在我们的期盼中慢慢长大了，会说话了，会和我们交流了，我以为这下就好了，他不舒服或者有什么想法可以说给我听，我希望他怎么做也可以说给他听。我们可以建立朋友式的关系，一定能成为一对和睦的母子。我要让我的孩子成为一个既有强健体魄又有健康心灵的好孩子。

但是，现实和理想还是有那么多差距。当他活泼、好学、懂事、听话的时候，我们能快快乐乐，相处融洽，可是当他情绪低落、大哭大闹、发脾气、不愿上学、将我的话当作耳边风时，我就没办法心平气和，也会变得情绪恶劣。有时候无计可施，只能使用父母的权威，采取“高压政策”来实现对他的教育。

我的自信在一次次的冲突过程中逐渐被击垮，这使我终于明白，我只是一个最普通、最平庸的妈妈。教育孩子是一个庞大而艰巨的工程，每个孩子都不一样，没有放之四海而皆准的理论。遇到问题之后，需要反思，需要总结，才能获得宝贵的经验，才能在教育孩子的过程中游刃有余。

是该改变自己、好好学习的时候了！